水と社会

水リテラシーを学ぶ8つの扉

林 大樹・西山昭彦・大瀧友里奈［編］
Hiroki Hayashi　Akihiko Nishiyama　Yurina Otaki

東京大学出版会

Water and Society:
Eight Paths to Water Literacy
Hiroki HAYASHI, Akihiko NISHIYAMA and Yurina OTAKI, Editors
University of Tokyo Press, 2019
ISBN978-4-13-033090-9

はじめに

　本書は，一橋大学におけるサントリーホールディングス株式会社の寄附講義として，2014年度から2016年度までの3年間，オムニバス方式で授業をおこなった全学共通教育科目「水の社会科学」の講義を元に書き起こされた論考で構成しています．

　本講義のねらいは，人間の体や人間社会に不可欠な「水」とその利用，またリスクとしての「水」といったテーマを通じて，一橋大学が目指す社会科学・自然科学の枠を横断する俯瞰的な文理共鳴教育をおこなうこと．併せて，「水」の理解を通じ，学生の将来計画への視野や選択肢を広げ，学生のキャリア観形成を推進することでした．

なぜ「社会科学と水」なのか

　なぜ一橋大学において，「水の社会科学」というタイトルの講義を開講することになったのか．本講義を着想した落合一泰名誉教授（当時，一橋大学理事・副学長）が2014年4月17日におこなった本講義の最初の授業「導入講義：水という文理共鳴の世界」の中で，本講義の趣旨について触れています．かいつまんで紹介しましょう．

　「一橋大学の入試は，学生の皆さんがよく知っている通り，理科系の科目の配点が結構高いです．進学に際して，理科系に行こうか迷った人もいたと思います．ところが，一橋大学に入学すると，やはり社会科学の総合大学なものだから，次第に理科系への意識が薄れてしまうこともあると思います．理科系をバリバリやっている友人に比べると，その方面の学習を疎かにしてきてしまったなと感じている人もいるかもしれません．しかし，皆さんの理科系，数理系の素養は高いです．ポテンシャルはとてもあります．それを放置しておくのはあまりにもったいない．本学は社会科学系の大学だから，やはり金融などの方

面に就職するのがいいかなと思う人もいるかもしれません．だけど，製造業に就職する人も結構います．一橋大学出身で，理科系のかたまりのような製造業の企業の社長をなさっている方からお話をいろいろ伺ったことがあるのですが，やはり理科系の社員の方は自分の専門性を高めようという志向が強いそうです．そうした専門志向が強い社員は，自分たちが開発した製品を誰にどう売るか，どうやったら会社の利益にできるかを考えるのは，必ずしも得意ではないということを伺ったのです．そこで，私としては，どうやったら皆さんに，ポテンシャルがある理科系の感覚みたいなものを満たせるかなと，またそれをもとにして勉強してもらえるかな，ということをいろいろ考えてみました．」

このように，社会科学の総合研究大学を標榜する一橋大学において，文理共鳴教育に取り組み，それをグローバル人材の育成につなげることが本講義の主要なねらいでした．

本講義は2014年度から2016年度にかけて，半期15回の授業を3年間おこないました．その授業日程は，巻末の付録に掲げた通りです．

本書の構成

本書は，講義のなかから特に基礎的な視点を提供したり，社会科学，社会問題，ビジネスに関連するものを取り上げた8つの章で構成しました．また，直接理科系のテーマを扱ったものは紙幅の都合上収録していませんが，多くの章が工学なども視野に入れた多分野横断的なアプローチを取っていることは，すぐに見てとっていただけるでしょう．以下，簡単にその内容を紹介します．

第Ⅰ部　水と人のかかわり

1章「日常生活から読み解く水の多様性」（大瀧友里奈：一橋大学大学院社会学研究科）では，わたしたちが日常で使う水の量，使い方，水源は，いずれも世界共通のものではなく，国によって，地域によって，人によって異なる多様なものであること．また，水の供給は，生活を，文化を，教育を，経済を変えることを，さまざまなデータや事例から学びます．その土地にあった水の確保の方法を採用するためには，水を使う人々自身が「水リテラシー」（適切な水との

付き合い方)を育み,判断力を身につける必要を学びます.

　2章「水からみた江戸時代」(渡辺尚志:一橋大学大学院社会学研究科)では,日本の江戸時代の村と村人についての歴史書をたくさん著されている筆者が,江戸時代の村に生きた百姓たちが水とどのように関わったのかを考察します.水害を防ぐ治水工事,安定的に農業を継続していくための農業用水をめぐる村同士の結びつきと争い,村の内部における水利用など,江戸時代の百姓たちの工夫と努力の一端を知ることは現代社会を相対化し,みつめ直す手がかりとなるでしょう.

　第II部　水をめぐる環境整備

　環境経済学の視点に立つ3章「水の環境問題」(野田浩二:東京経済大学)では,まず,水量からみた水の環境問題について,第二次世界大戦後の日本と世界のダム開発の状況が示されます.ダムは社会の発展に寄与してきた反面,河川生物に悪影響を及ぼしました.その問題をアメリカと日本におけるダム撤去と河川再生の事例を取り上げて考察しています.次に,水質からみた水の環境問題については,し尿処理について,日本の江戸時代と19世紀のロンドンを比較した上で,現代の下水道制度のしくみと課題について考察しています.

　4章「『水と社会』を捉えるNGOの視点——メコン河流域を事例に」(松本悟:法政大学国際文化学部)の筆者は,NGO職員としてラオスで活動していた時,ダムによって河川の水を確保することが別の人々の苦難につながっているのを目の当たりにしました.きれいで安全な水を生活や農業のために供給することがNGOの活動の1つの目的であることは確かだとしても,その一方で,それまで得られていた水の恵みを奪われる村人たちの存在に気づくこと.そうした複眼的な思考の重要性を,筆者の経験したさまざまな事例から学びます.

　第III部　水の社会システムとビジネス

　5章「日本企業による今後の水ビジネスの国際展開」(加藤直子:経済産業省資源エネルギー庁)では,日本の水ビジネスの国際展開の現状と課題,向かうべき方向性,そして政府の支援について学びます.これまで日本企業による水ビジネスは小規模なものにとどまっていましたが,筆者は今後,日本企業の参入

の余地を拡大させるために，単純な価格勝負によらない需要開拓，技術で差別化できる市場を狙う，ニーズに合わせたパッケージ化やサービス提供をおこなうなどの体制づくりに腰を据えて取り組むことの必要性を述べています．

6章「水道事業について」（内藤和弥：東京水道サービス）では，まず日本の水道事業が市町村によって運営され，かつ独立採算制が適用されるという経営原則を学びます．事業の実際については，東京都水道局の例がしめされます．また，水関連のキャリア，仕事については，国際的，公共的な水道事業体にどのような組織があるか，水に関連する仕事ができる民間企業にどのような企業があるか，さらに事務系の社員は水道事業者の中で何をするか紹介しています．キャリアガイドとしても貴重です．

7章「ビジネスとしての『水』」（千葉誠二郎：丸紅）では，水に携わるビジネスについてのマネジメント論を学びます．「季節偏在」と「地域偏在」という水の偏在が解消され，活用が促進されるために必要な「適切なマネジメント」のもつ性質から，水ビジネスは「公共サービス」として計画，開発，建設，運営されてきました．ところが近年，世界各地で民間活力導入・民営化の動きが見られます．本章では民営化のしくみについて，BOO（Build-Own-Operate）方式とコンセッション方式に注目して学びます．

「環境経営と水のサステナビリティ──サントリーグループの取り組み」（内貴研二）と題する終章では，本寄附講義の寄附者であるサントリーグループの取り組みが紹介されます．本章の筆者は本寄附講義の意義について，「水と生きる企業が，水資源の希少性とその持続可能な利用について，若い世代のみなさんに最新の研究動向を提供し，ともに考えたいという気持ちから，一橋大学の（ご関係者）先生方とともに連続講義を企画してみました．」（本書136〜137ページ）と述べています．本章から，企業理念の追求が企業の活動のあらゆる領域に浸透している組織の姿を学ぶことができるでしょう．

読者のみなさんに，本書の各章を楽しんで読んでいただきながら，日々の生活に一番身近な水との付き合い方の考察から始めて，これからのビジネスや，環境との共生を構想したり，さらにはより広い世界に視野を拡げてゆくきっか

はじめに

けにこの本がなれば，編者としてこれほどうれしいことはありません．

2018年12月

編者を代表して　林　大樹

目　次

はじめに　i

第 I 部　水と人のかかわり

1 章　日常生活から読み解く水の多様性 ──────大瀧友里奈　3

1. わたしたち1人ひとりが使う水の量　3
2. わたしたち1人ひとりの水の使い方　5
3. わたしたちが使う水の水源　9
4. わたしたちが使うことができる水資源の量　13
5. 多様性を生かした水との付き合い方──水リテラシー　15

2 章　水からみた江戸時代 ────────────渡辺尚志　17

1. 17世紀は治水と大開墾の時代　17
2. 水によって結びつく村々　21
3. 水争いはなぜ起こったか　24
4. 水が村と百姓の個性をつくる　27
5. 「田越し灌漑」とは何か　29
6. 百姓にとって水は絆であり鎖でもある　32

第 II 部　水をめぐる環境整備

3 章　水の環境問題 ───────────────野田浩二　37

1. はじめに　37
2. 量からみた水の環境問題　38

3. 質からみた水の環境問題　44
   4. おわりに　49

4章　「水と社会」を捉えるNGOの視点　　　松本　悟　51
　　　──メコン河流域を事例に──

   1. はじめに──水問題とNGO　51
   2. 井戸掘りを捉える視点　52
   3. 少なすぎる水, 多すぎる水　55
   4. 川の水をせき止めることの意味　57
   5. Do No Harm と Do More Good　59
   6. 調査と能力向上──カンボジアを事例に　60
   7. ネットワーク作りと働きかけ　62
   8. 水と社会をみる複眼的な視点　64

第III部　水の社会システムとビジネス

5章　日本企業による今後の水ビジネスの国際展開　　　加藤直子　69

   1. はじめに　69
   2. 日本の水ビジネスの国際展開の現状と課題　69
   3. 日本の水ビジネスの今後の海外展開の方向性　77
   4. 政府の取り組み　81
   5. おわりに　84

6章　水道事業について　　　内藤和弥　87

   1. はじめに──水を取り巻く話題　87
   2. 水道事業の経営について──経営原則　88
   3. 水道局の事業について──東京都水道局の場合　91
   4. 水および水道関連のキャリア, 仕事　99

7章　ビジネスとしての「水」——————千葉誠二郎　103

1. はじめに　103
2. 需要と供給　103
3. 民営化とビジネス構造　108
4. 効率化の追求　115
5. おわりに　120

終章　環境経営と水のサステナビリティ——————内貴研二　121
　　　——サントリーグループの取り組み——

1. 企業理念の原点　121
2. 水をめぐる環境経営の基盤　123
3. 水サステナビリティの追求　128
4. 「天然水の森」活動　130

付　録　139

第Ⅰ部　水と人のかかわり

1章　日常生活から読み解く水の多様性

大瀧友里奈

1. わたしたち1人ひとりが使う水の量

　わたしたちは，日常生活の中で毎日どのくらいの量の水を使っているでしょう．トイレに行ったり，洗濯をしたり，食事をするときに使う水の量が何ℓくらいになるのか，想像してみてください．家の中で用いる水の総量は，水回りの各用途を足し合わせることで算出することができます．各用途の水量を，おおよそ以下のように設定し，一橋大学の約70名の学生に，1人1日当たりの使用量を計算してもらいました．

　　お風呂：1回200ℓ
　　シャワー：1分で10ℓ
　　トイレ：大1回8ℓ，小1回4ℓ
　　洗濯機：ドラム式1回65ℓ，回転式1回95ℓ
　　洗面やキッチン等の蛇口：流しっぱなしで1分12ℓ
　　食洗器：1回65ℓ

その結果をヒストグラムにしたのが図1ですが，少ない人で125ℓ，多い人で880ℓという，広く幅のある値になり，平均は321ℓでした．このように，同じ大学，同じ教室にいる人たちの間でも，1人ひとりが使う水の量は多様な値をとることがわかります．東京都の平均値230ℓ（3人家族の場合，2016年）と比べると，一橋大学の学生の計算値は少し多いですが，学生は一人暮らしが多いことも原因の1つでしょう．

　では，世界ではどのくらいの量の水を使っているか，目を向けてみましょう．図2には，家庭で使用する1人1日当たりの水量の国別の平均値が示されてい

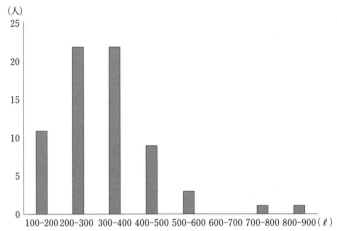

図1 1人1日当たりの水使用量の分布（一橋大学生70名の場合）
出典：筆者作成.

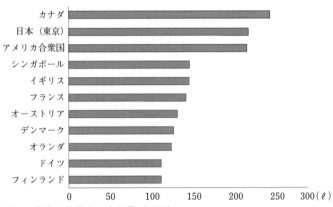

図2 家庭で使用する水の量（国別）
出典：水道技術研究センターのデータを元に作成.

ますが，アメリカ222ℓ，カナダ251ℓ，日本（東京）224ℓと，水使用量は世界の中でも多い方であることがわかります．一方，フィンランド115ℓ，ドイツ115ℓ，オランダ128ℓとヨーロッパ諸国は軒並み東京よりも少なく，1人が1日に使う水の量は多様であることがわかります．アメリカやオーストラリアなど，広大な庭にスプリンクラーで水を撒く必要があるところや，庭にプー

ルがあるようなところでは屋外での水使用が多くなりますし，寒冷地では凍結防止のため冬季は常に水をチョロチョロと出しっぱなしにしているところもあります．日本のようにお風呂に入る文化があるところもあれば，北欧のようにサウナが一般的なところもあります．このように，水と関連するライフスタイルや文化の違いによって，1人ひとりが使う水の量も大きく変わってきます．

2. わたしたち1人ひとりの水の使い方

　1人が1日に使う水の量がこれほど多様になる原因は，水の使い方と設備にあります．水の使い方とは，歯磨きをするのに蛇口を閉めるのか出しっぱなしにするのか，洗濯を何日に1回するのかというような，水を使う生活習慣のことです．設備とは，トイレを流すのに，古いトイレだと1回当たり12ℓの水が必要で，最新の節水型トイレだと4.5ℓしか使わないといったように，どのような機器を使用しているのかということです．これらの違いを見ることができるのが，使用用途別の水使用量です．つまり，洗濯という用途に，トイレという用途に，どのくらいの量の水を使用しているのかというデータです．

　図3に，東京，ポートランド（アメリカ），ブルネイ，オークランド（ニュージーランド），シンガポールの平均的な用途別の水使用割合を示しました．このように国や地域によって，たくさん水を使用する用途も，各用途の割合も多様です．このように多様になるのは，気候，文化，生活習慣，設備など，多くの要因が挙げられます．

　どんなふうに多様なのか，具体的な例を紹介したいと思います．私はタイ北部の地方都市チェンマイで，一般家庭を訪問して水の使用量や使い方の調査をしていました．バスルームをのぞくと，浴槽にするにはちょっと小さいサイズの水槽があり，水が張られていました（図4）．暑い気候なので，人々は常にバスルームに水を溜めておき，ときどきジャバジャバと浴びて涼をとるということを，1日に何回か繰り返す習慣があります．小さいシャワーもあって，お湯を使いたい時はシャワー，涼をとるには水槽の水というように，日本とは異なる習慣でバスルームを使っています．外にキッチンがあることもしばしばで，使ったお皿は溜めておき，1日1〜2回ザーッと洗う家庭が多いようでした．

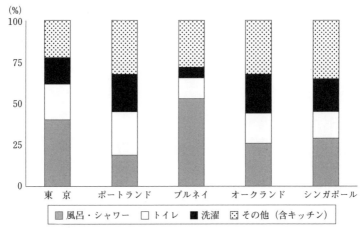

図3 家庭用水の用途別水使用割合
出典：筆者作成.

図4 チェンマイのバスルーム
出典：筆者撮影.

図5 チェンマイのトイレ
出典：筆者撮影.

　トイレも和式トイレのような形をしたものが多く（図5），横に溜めてある水を手桶ですくってジャバッと流すという方法をとっていました．こういった使い方や設備は，タイの中でも首都のバンコクと地方都市のチェンマイでは違うでしょうし，また農村部に行ったら異なるものがあるでしょう．同じ国の中でも，多様な形をとっています．
　設備ということでいえば，家の中の設備というだけでなく，水を供給する設備やシステムの状態も多様です．日本では水道があり，そこから24時間，水

が供給されることが当たり前になっていますが，水道設備がないところは世界にたくさんあります．もちろん，すべての場所に水道というシステムを造ることが最適ということではなく，人口規模や経済状況，水源の状況等を勘案する必要があります．そのうえで，水道システムを造ることが必要であるようなところに，日本は技術支援や人材育成を行っています．本書のもととなった「水の社会科学」の講義では，その最前線で活躍する北九州市上下水道局の竹田大悟さん，千葉県水道局（元JICA専門家）の小林保雄さんにお話をしていただきました．

北九州市上下水道局の竹田大悟さん

　安全な水へのアクセスというのは，健康な生活を保障します．そして自分の家まで水道の水がきている，自分の家に井戸があるということは，水くみ労働からの解放を意味します．これは言い換えますと，就労・就学機会を獲得することにつながり，それによって生活水準が間違いなく向上します．つまり，水のアクセスレベルによって生活水準が変わり得るということになります．

　北九州市は，カンボジアの首都プノンペンの水道事業の改善にかかわってきました．内戦が終結した1991年，首都のプノンペンの水道は壊滅的で，ほぼ休止状態でした．水道の無収水率（浄水場できれいにした水のうち，水道料金を回収することができなかった水の割合）は70％を超えていました．水を作っても水道管がさびて穴が開いたところから水が漏れて地中に逃げてしまったり，水を水道管から盗む人が絶えなかったり，つまり漏水や盗水ですね．また料金徴収の実行や管理がうまくできなかったりで，経営的に立ち行かない状況にありました．浄水場の能力も足りないため，十分な水供給ができず，プノンペンの水環境は劣悪でした．そのため，1993年ごろから日本のODAで水道整備の方向性が示され，各国の援助により水道施設の建設整備が行われました．

　ところが水道施設を造ったのはいいのですが，今度は新たな課題が出てきました．カンボジアではポル・ポト時代に知識層や教師といった人を虐殺してしまい，工学的知識のある人や水道技術を持っている人が90年代にほとんど残っていなかったのです．せっかく造った水道施設をきちんと運転し，維持管理する人材が不足していました．そこで，水道の運転維持管理のできる人材を育成するため，日本の水道技術者を派遣することにしました．これをきっかけに，1999年に北九州市からカンボジアへ初めて職員が派遣されました．その後も，カンボジアから日本への研修員を受け入れる等，いろいろな形をとりながら協力を続けています．

その結果,「プノンペンの奇跡」などと言われますが,1993年当時72%であった無収水率を,2006年では8%にまで劇的に下げることができました．プノンペン水道公社の総裁がリーダーシップを持って改善に取り組んだこと,各国の援助,材料の支援,北九州市のサポート等いろいろなものが重なり合って,こういう結果に結びつきました．これによって,この給水エリアでは水くみ労働が激減し,人々の生活は確実に向上しました．

千葉県水道局の小林保雄さん

東ティモールは,植民地時代を経て,2002年にインドネシアから独立しました．2012年には国連の治安維持による平和維持活動が終了しています．東ティモールの水道のエンジニアは,日本での研修等を通じて,「What to do」はわかっています．しかし,実際にそれを使う「How to do」を知りません．「How to do」は基本的に経験やノウハウに基づき,その状況に応じて応用力を働かせて課題の解決をするということですが,それは現場での技術指導を通じて教えることになります．

「How to do」の例をお話しましょう．浄水場では,取水してきた水に薬品（硫酸バンド）を入れて,その薬品の作用で水の中の汚れを固めて,その固まったものを沈澱させて水をきれいにしています．この水の中の汚れを固める硫酸バンドをどれぐらいの量を注入したらいいのかという判断は,経験や訓練に支えられています．東ティモールでは,薬品を加えた水が白くなっていました．これは,必要以上の薬品を加えたことが原因なのですが,現地の職員はこの白い水が普通なのか変なのかというような判断すら,経験や訓練の不足のためにできなかったのです．やはりこういったことは,サイド・バイ・サイドで,近くに寄り添って「少し薬品を加え過ぎだから,少し薬品の注入量を少なくしなさい」という技術指導をする必要があります．こういったことはマニュアル化もされているのですが,実際に発生する現象が必ずしも運転マニュアル通りとはかぎらないのです．

東ティモールの首都ディリの水道の事情は非常に悪くて,浄水場で水を作っているのですが,その水が実際は住民のところにほとんど届いていません．10の水を作ったとしても,そのうちの8がどこかに消えてしまっており,実際に住民の方が使える水というのは2だということです．

私が東ティモールで行ったのは,ディリにおける24時間給水の実現でした．日本では24時間給水は普通のことですが,東ティモールのような水道事情が悪い国では24時間給水は非常に珍しいことだと思います．そこで,現地の人々に「水道システムとは蛇口をひねれば24時間出るものなのだ」という水道システムの見本を示したいと考え,ベナマウク地区での24時間給水の実現を試みました．ディリの人口自体が

図6　現地での技術指導の様子
出典：小林保雄氏提供．

24万人ぐらいですが，私がこのプロジェクトを行ったベナマウク地区の人口は約2600人です．24時間給水ができない阻害要因は，違法接続とそれによる漏水です．水を勝手に抜いて使うだけだったのならばまだいいですが，水道管に穴を開けてそこにビニールチューブを突っ込んで水をとっていくため，水道管を接続した場所からも常に水がジャージャー漏れてしまいます．こういったものを検知し，場所を探し当て，それを1つひとつ修理するのが私の仕事でした．

　非常に短い範囲の中で，228カ所の違法接続を発見し，修理し，そこに蛇口を取り付けました．ここの水道局に申請して使っているユーザーは191ぐらいでしたから，水道局に申請以上の違法接続があったことになります．すべての漏水を修理して蛇口を付けたので，非常に良い水圧で，すべての家が水を使えるようになりました．それによって，もともとは川のほうまで水くみをしなければいけなかった人たちも，水くみの必要がなくなり，学校に行けるようになりました．このような水道の改善1つで，現地住民の生活スタイルまで変えることができるのです．

3. わたしたちが使う水の水源

　わたしたちが使う水の量や使い方だけではなく，水源も多様です．水源が違うと水質も違ってきています．図7は，世界各国がどのような水源（河川や湖

などの地表水と地下水）を使っているかを示したものです．日本，アメリカ，イギリスは地表水が占める割合が大きく，とくに日本は地表水を使っているところが70％以上になっています．例えば東京で飲んでいる水は，多摩川，荒川，利根川が主な水源となっています．一方で，東京の中でも昭島市のように100％地下水源を使っているところもありますし，熊本市も地下水源を使っているということでも有名です．それに対して，大陸ヨーロッパは地下水を使用する割合が大きいという特徴があります．「日本は軟水，ヨーロッパは硬水」とよく聞きますが，これは水源の違いが大きいといえるでしょう．

　このように地表水，地下水を取水したものが各家庭の蛇口まで届きますが，日本の大部分の家庭では，蛇口から出てくる水道水のみを使用しています．近年では，ボトル水を飲用や調理用に用意している家庭も増えてきていますが，せいぜい水道水とボトル水の2種類の使用です．そのため，災害等で水道がス

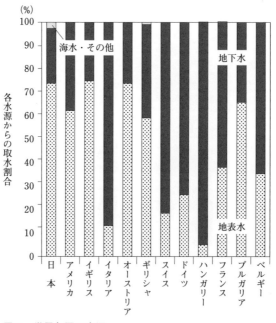

図7　世界各国の水源
出典：沖大幹監修（2012）．

トップしてしまうと，とても困ったことになります．一方世界には，各家庭ごとの蛇口さえないところもありますし，各家庭において多様な水源を使いこなしているところもあります．例えば，先に紹介したタイでは，雨水タンク（図8）を用いて雨水を溜めて使っていました．各家庭ごとに水道水は供給されているのですが，用途によって，雨水や地下水，湧水を使い分けています．例えば，植物に撒く水やトイレを流す水には地下水を，飲み水には湧水を，調理には雨水を，洗濯には水道水を用いるというように，その用途に必要な

図8　雨水タンク（チェンマイ）
出典：筆者撮影．

水質を考えた上で複数水源を使う生活が営まれています．そのようなところでは，家庭によって水源も多様であるということになります．

では，複数水源を選択できないような乾燥地域の人々は，どのような水源を使っているのでしょう．「水の社会科学」の講義では，アフリカ地域を中心にで研究されている宮崎大学の入江光輝教授にお話していただきました．

宮崎大学の入江光輝教授

やはり河川は重要な水源ですが，国境をまたぐ国際河川では川の水を取り合うことになり，2国間，3国間で紛争状態になるということが起きます．例えば中国の黄河中流部は，上流部の開発が進むと，水がそこで取られてなくなっていきます．図9は黄河の断流の起きた日数を示していますが，中国の発展とともに断流が起きる日数がどんどん増えていくという状況になっています．同じような状況が，中央アジアでも起きています．アムダリア川，シルダリア川という河川は，アラル海に流下します．ここでは，ソ連時代に綿花の栽培が始まり，この2つの河川水を大量に使いました．その結果，これらが流れ込んでいたアラル海が，流れ込みが減ったことによって，どんどん乾燥化していきました．図10に1996年と2003年のアラル海の様子を示しま

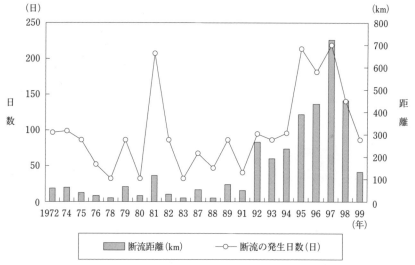

図9 黄河で断流が起きた日数
出典：楠田（2015）．

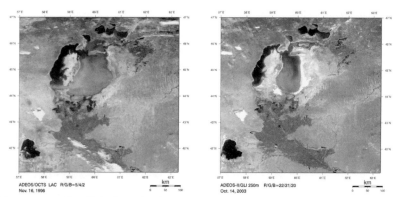

図10 アラル海の様子（1996年〈左〉と2003年〈右〉）
出典：宇宙航空研究開発機構地球観測研究センターホームページ．

すが，水域が減り，どんどん乾燥化して収縮していっています．白くなっているのは，乾燥化により地表に出てきた塩です．

　地下水も使用しますが，地下水は水質が一定でない，存在自体が偏在している，組み上げすぎると問題が生じるという特徴があります．例えば，チュニジアの沿岸部で

は地下水をくみ上げ過ぎたことによって，地下水が海水化してしまいました（地下水位が下がって淡水圧が下がり，周辺の海水が流れ込む現象）．そこで，この地域では，今度は逆に水を地中に戻して地下水の盛り上がりを修復するということをやっています．地中に戻す水には，下水を処理した水を使っています．

乾燥地で地下水を有効利用する方法には，カナートがあります．まず1カ所，山の近くで深い井戸を掘って地下水を見つけます．それを人が住んでいるところまで地下を通して水を引っ張っていくため，竪穴を幾つも掘り，それを横穴でつなげます．そうすると，緩やかな傾斜により自然の重力で水を引いてこられるのです．カナートの横穴の中は，人が1人やっと通れるぐらいの幅です．カナートのメリットは，地下に水路を作るため普通の水路よりも蒸発が少ないことに加え，動力を用いたポンプを使わないので過剰揚水を防げることです．そのため，地下水をサステイナブルに使用でき，塩害のリスクが低いなどのメリットがあります．

また，シリアでは，海底湧出地下水を使うというプロジェクトがあり，以前かかわったこともありました．

4. わたしたちが使うことができる水資源の量

では，わたしたちはどのくらいの量の水資源を使うことができるのでしょうか．それを表すのが，水資源賦存量です．これは，降雨量から蒸発散量を引いたものに面積をかけた値で，その地域で使うことができる水資源の量を表します．水資源がたくさんあっても使う人がたくさんいたら，1人ひとりが使える水の量は限られてきますので，水を使用する人口も重要な要素になります．水資源賦存量を，それを使う人口で割った1人当たりの水資源賦存量をマッピングしたのが図11になりますが，国によって地域によって使うことができる水資源の量も多様であることがよくわかります．水資源はこのように空間的に偏在しているだけでなく，時間的にも偏在しています．いつも同じように雨が降るわけではなく，雨が降る季節と降らない季節があるため，常にこの図のような水資源賦存量であるわけではなく，季節によって変動します．

では，水資源が乏しいところでは，どのようにして水を確保するのでしょうか．例えばカリフォルニアのロサンゼルス近辺などは，非常に長い人工的な水路を造って，水を遠くのカリフォルニア北部から持ってきています．東京でも，

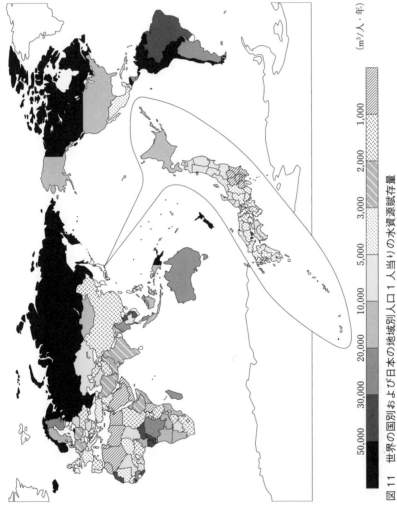

図11 世界の国別および日本の地域別人口1人当りの水資源賦存量
出典：国連食糧農業機関「AQUASTAT」のデータをもとに国土交通省水資源部作成．

東京都を流下していない利根川の水を東京で使用する水として持ってきています．また海水を淡水化する技術を使うことも可能です．資金が潤沢にあり，エネルギーをかければ，水資源を他から調達する技術は十分にありますが，現実的には限界があります．

5. 多様性を生かした水との付き合い方——水リテラシー

ここまで見てきたように，わたしたちが日常で使う水の使用量，使い方，水源は，いずれも世界共通のものではなく，国によって，地域によって，人によって異なる多様なものです．しかし一方で，世の中では画一的な水供給システムを造ることが進められています．安全な水が十分に使えることは世界の誰もが享受すべき生活ですが，その方法が画一的であることには疑問を感じます．水の供給は，生活を，文化を，教育を，経済を変えるからです．そして，その土地の特徴にあった水の確保の方法こそが，サステイナブルであるからです．しかし，その土地にあった方法を用いるためには，人々が主体的に携わり判断することが必要になります．それをわたしは「水リテラシー」という概念として，提唱しています．つまりは，「人々が水を身近に感じ，水と積極的に関わり，自らの問題として水と向き合うことができるようになる意識と，それらを実現可能にする適切な知識」のことです．何も，水を使うにあたり，身構えていろいろなことを深く考えなければならない，ということではありません．「リテラシー」とは，そもそも読み書き能力のことです．われわれは特に意識することなく，話したり本を読んだりすることができますが，これはリテラシーがあるからに他なりません．水を使うにあたっても，自分の住む土地の水がどのようなものであるかを主体的に捉えて理解していれば，自然に「水リテラシー」をもった使い方ができるといえるでしょう．

画一的な水供給システムは，この「水リテラシー」がなくとも，誰でも安全に水が使えることを目指したシステムとも言えます．そのため，人々はいつしか「水リテラシー」を喪失しています．その結果，逆に自らの使用する水の安全性についても判断できず，疑心暗鬼になる状況が生まれています．

水との多様な関わり方によって，人々の生活の場や様式は形成されてきまし

た．多様性を生かしたシステムづくりには「水リテラシー」が欠かせないことはもちろんですが，画一的なシステムがすでに出来上がっているところでも，「水リテラシー」を育むことが真の意味での安全安心な社会につながるといえるでしょう．

文献リスト

宇宙航空研究開発機構（JAXA）地球観測研究センターホームページ（http://www.eorc.jaxa.jp/earthview/2004/tp040213.html）．

沖大幹監修／村上道夫・田中幸夫・中村晋一郎・前川美湖著（2012）『水の日本地図——水が映す人と自然』朝日新聞出版．

楠田哲也（2015）「世界の水問題」『Consultant』267: 14-17.

水道技術研究センターホームページ（http://www.jwrc-net.or.jp/chousa-kenkyuu/comparison/index.html）．

日本ダム協会ホームページ（http://damnet.or.jp/cgi-bin/binranB/TPage.cgi?id=129）．

2章　水からみた江戸時代

渡辺　尚志

1. 17世紀は治水と大開墾の時代

　本章は，水と社会との関わりについて，歴史的な視点から考えてみようとするものです．具体的には，江戸時代の村に生きた百姓たちが水とどのように関わったのかを考察していきます．そこには現代との共通点と相違点があり，そうした歴史的なあり方を知ることを通じて，現代社会を相対化し，みつめ直す手がかりを得ることができるのではないでしょうか．

　まず，図1をみてください．これは，江戸時代における耕地面積と人口の推移を示したものです．耕地面積をみると，1600年から1721年の間に220万町歩（1町歩は約1ha）から296万町歩へと1.35倍に増加しています．その後，1721年から1843年までは296万町歩から306万町歩へと1.03倍の増加，1843年から1871年までは306万町歩から359万町歩へと1.17倍の増加となっています．

　次に人口の推移をみると，1600年から1721年の間に1227万人から3128万人へと2.55倍に急増しています．その後，1721年から1834年までは3128万人から3248万人へと1.04倍の増加，1834年から1871年までは3248万人から3418万人へと1.05倍の増加となっています（鬼頭，2007）．

　耕地面積と人口の推移を合わせてみると，17世紀（江戸時代前期）において両者とも顕著に増加していることがわかります．1600年から1721年までといっても，実際には，耕地面積・人口とも17世紀中における増加がほとんどです．対照的に，18世紀から19世紀前半までは，耕地面積・人口とも増加は緩慢になっています．つまり，17世紀とは，わが国の歴史上でも特筆すべき

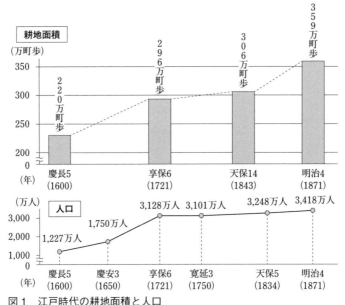

図1 江戸時代の耕地面積と人口
出典：鬼頭（2007）をもとに筆者作成.

「大開墾時代」「人口爆発の時代」だったのです.
　では，なぜ17世紀に大規模な耕地開発が行なわれたのでしょうか．その理由は，次のように考えられます．そもそも，農業に適した立地は，日本列島各地にある広くて平らな沖積平野（河川の堆積作用によってできた平野）です．山あいの狭小な平地や日当たりの悪い斜面よりも，平野部のほうが農耕に有利なのは当然です.
　沖積平野は河川が運んだ土砂によってつくられたのですから，そこには必ず大河川が流れています．そして，大河川は大雨のたびに氾濫し，流域一帯に大量の土砂をもたらしてきました．これが肥沃な土壌の形成要因となったのですが，その反面で安定的な耕地を維持する際には大きな障害となりました．せっかく多大な労力をかけて耕地を造成しても，洪水のたびに土砂に埋もれてしまうからです．そこで，沖積平野を開発し耕地化するためには，その前提として，河川の流路を一定に保ち，氾濫を防ぐための治水工事が不可欠になります．そ

して，有効な治水のためには，河川の上流と下流，左岸と右岸に広く目配りした統一的な方針に基づく工事の実施が必要です．

しかし，中世（鎌倉・室町時代）までは，各地に中小規模の権力が分立しており，大河川の流域全体を支配して，統一的な方針のもとに大規模な治水工事を実施できるだけの強大な権力が存在しませんでした．技術力水準も，まだそれほど高くありませんでした．そのため，沖積平野の開発はあまり進まなかったのです．

それが，戦国時代になると，事情が変わってきます．各地に武田・上杉・今川・北条のような強力な戦国大名が成立してきました．そして，彼らのもとで大規模な治水工事が進められるようになりました．山梨県の釜無川と御勅使川の合流点にある信玄堤（戦国時代の名将武田信玄の名を冠した堤防）はその1例です．

さらに，江戸時代には，江戸幕府という，戦国大名よりも格段に強力な統一政権のもとで，全国的に大規模な治水工事を実現し得る条件が整いました．また，築城や鉱山開発の技術を転用することによって，治水技術も発達していきました．加えて，戦国の争乱が終息し，それまで戦争に投入されていた資金や労働力を治水工事に充てられるようになったことも大きかったのです．平和の下でこそ，生産力は発展するのです．

こうして，江戸幕府や各地の大名らによって，大規模な治水工事が実施されていきました．とりわけ，東日本の広い沖積平野（関東平野・越後平野など）に大量の耕地が新たに造成されました．今日私たちが目にする，平野に見渡す限り稲穂が揺れる田園風景は，江戸時代以降につくられたものなのです．この「大開墾時代」は，おおよそ寛文年間（1661～73）くらいまで続きました．

大規模な治水土木工事の具体例として，利根川の流路変更があげられます．関東平野を流れる利根川は，16世紀までは江戸湾（東京湾）に流れ込んでいましたが，17世紀に下総国関宿において利根川の本流を東に付け替えて，現在のように銚子で太平洋に注ぐようにしたのです．この工事によって，江戸周辺の洪水の危険が減少するとともに，関東平野に広大な水田が開発されました．

戦国時代後期から江戸時代前期（16世紀後半から17世紀ころ）における大規模な治水工事の実施によって大河川の流路が安定し，その流域の耕地開発が本

格的に進められました．これが，17世紀における耕地面積の増加をもたらしたのです．耕地面積の増加は，そこで生産される農産物量の増加を意味します．農産物の生産量が増えれば，それだけ多くの人口を養うことができます．そのため，耕地面積の増加にともなって人口も急増したのです．すなわち，「大開墾時代」「人口爆発の時代」が実現した背景には，大規模治水工事が存在したわけです．人と水との関係の変化が，社会の大変革につながったといえます．

　そして，何といっても，戦国の乱世が終わって平和が訪れ，百姓たちが農作業とその環境整備に専念できるようになったことが大きかったのです．幕府や大名による治水工事といっても，武士自身が工事現場に出て汗水たらして働くわけではありません．幕府や大名は工事を計画・立案して指揮をとり，工事費用も負担しましたが，実際に作業に当たるのは百姓たちでした．そして，治水工事を受けて，流域の耕地開発に励み，耕地面積を増やしたのも百姓たちにほかなりませんでした．

　17世紀における大量の耕地開発は，百姓の戸数の増加をもたらしました．耕地の増加と農業生産力の発達によって，より多くの百姓家族が暮らしていけるようになりました．そこで，分割相続による分家が生まれ，また特定の百姓家に従属していた人びとが自立した経営を営むようになるなどして，村の百姓戸数が増えていきました．

　その結果，夫婦とその子どもたち，場合によっては夫の両親をも加えた2世代，3世代家族が，5反（約0.5 ha）〜1町（約1 ha）前後の土地を所持して，家族の労働で耕作に励む小経営（小百姓）が，村の多数を占めるようになりました．これが，17世紀にみられた村の大きな変化でした．

　沖積平野における耕地開発は，人びとに大きな恵みをもたらしましたが，洪水の危険がなくなったわけではありません．江戸時代の技術水準では，大河川の氾濫を完全に防止することは不可能だったのです．人びとは，それを承知のうえで，豊かな恵みを得ることを選択したともいえます．江戸時代の百姓たちにとっては，初めからゼロリスクということはあり得ず，時には暴威を振るう川とどう折り合いをつけて暮らしていくかが課題なのでした（玉城・旗手，1974；大熊，2004）．

　洪水を防ぐには河岸に堤防を築くわけですが，堤防の造り方にも江戸時代人

の工夫がみられました．江戸時代前期の代表的な治水工法に，霞堤や洗い堤と呼ばれるものがありました．

　霞堤は，不連続の堤防を，一部が重なるようにしていくつも並べたもので，堤防と堤防の間には開口部があります．増水時には，水はこの開口部から緩やかにあふれ出ます．そのため，堤防に沿った一部の土地は冠水しますが，堤防の全面決壊による大規模な洪水被害は防ぐことができます．冠水しても大過ない土地だけを冠水させるのであり，そこには人家などはつくりませんでした．

　これは増水を100%遮断するのではなく，意図的に一部をあふれさせることで水の勢いをそぎ，被害をあらかじめ想定された範囲内にとどめる工夫です．自然を押さえつけるのではなく，巧みに折り合いをつける技術だといえるでしょう．さらに，川に近い堤防からあふれた水を，後ろ側の堤防で防いで，水を開口部から再び川に還流させる効果にも大きいものがありました．

　また，洗い堤は，堤防の高さをわざと一定限度に抑えるものです．そのため，小規模な増水は完全に食い止めることができますが，大規模な増水は堤防を越えてあふれ出ます．このとき，霞堤の場合と同様，堤の周囲に一定の被害は生じますが，堤防の決壊による大惨事は免れることができます．これも，自然の力の大きさを認めて，それを受け流す知恵の1つです（大熊，2004）．

　そして，流域の村々では盛り土をしてその上に家を建てたり，あらかじめ避難用の舟を準備したりして，被害の軽減を図ったのです．

2. 水によって結びつく村々

　ここまで治水について述べてきましたが，治水は百姓にとって最終目的ではありません．百姓たちの願いは，治水工事によって水害を防いだうえで，流域に耕地を開発し，そこで継続的・安定的に農業を営むことでした．治水は，そのための前提条件づくりだったのです．そして，安定的に農業を継続していくためには農業用水の確保が不可欠でした．

　18世紀前半の全国の総耕地面積は約296万町で，そのうち田が約164万町，畑が約132万町でした．田1.25対畑1の比率となります．水田稲作農業が基幹的位置を占めていたのです．稲作には，もちろん水が不可欠です．しかし，

降雨だけに頼って稲作ができる田は少なく，何らかのかたちでの灌漑が必要なのです．そこで，次に灌漑について述べましょう．

1907（明治40）年の全国統計によれば，灌漑用水源のなかでは，河川が65.3%を占めて第1位，溜池が20.9%で第2位でした．ただし，地域的な特徴があり，河川灌漑は東日本に多く，埼玉県では82.0%，新潟県では74.6%，岩手県では73.6%を占めていました．

一方，溜池は瀬戸内海沿岸の四国・中国地方や大阪府・奈良県などに多く，香川県では用水源の67.3%，奈良県では56.7%，大阪府では46.5%が溜池でした．

なお，その他の用水源としては，泉5.4%，井戸1.3%，湖沼1.0%などとなっています（喜多村，1950）．

江戸時代には，数百町から数千町，ときには1万町を超える灌漑面積をもつ長大な用水路が建設されました．中世までの用水路と比べて，格段に大規模なものになったのです．18世紀前半に，武蔵国（現埼玉県・東京都）東部に造られた見沼代用水路は，2万3000町におよぶ水田を灌漑していました（玉城，1978）．

用水路の形状としては，まず河川から幹線用水路が分かれ，そこからさらにいくつかの支線用水路が枝分かれして，各村に流れ込むのが一般的でした．用水路は樹枝状に末広がりになっており，複数の村々が幹線用水路からの水を共同利用していました．そのため，上流の村が必要以上に取水すると，下流の村々が用水不足になる恐れがありました．そこで，用水系をともにする村々が連合して用水組合（水利組合）をつくり，水の引き方や水路の維持・管理方法などを取り決めて，円滑な用水利用を図ったのです．

用水組合は，村を単位とする，用水の円滑利用を目的とした組織です．支線用水路の水を共同利用する村々が組合をつくり，さらに支線用水組合がいくつか集まって，幹線用水路全体の組合をつくりました．樹枝状に枝分かれする用水路の形状に対応するかたちで，用水組合の組織構造が形成されていました．百姓たちは，村を通じて，こうした広域の水利システムに組み込まれることによって，はじめて円滑に農業生産を行なうことができたのです．

用水組合の基本的機能は，用水施設の維持・管理と，用水の適切な配分でし

た．用水路の維持・修復や用水組合の運営に関わる諸経費は，組合村々が分担して負担しました．

　河川から用水路に取水する地点には，堰を設けます．堰とは，取水や流量調節の目的で，いったん水の流れを堰き止めるために，川中に設けた構造物のことです．

　江戸時代には，堰の材料には木材・石・土俵などが用いられました．これらを使った堰では，現代の鉄やコンクリートの堰のように，水を完全に堰き止めることはできず，堰の隙間から水は下流に漏れ流れていきます．これは，江戸時代の工法の限界というよりも，むしろそれによって下流の堰にも水が供給されたのです．

　堰の構造（水を堰き止める方法や，堰の材料など）は，堰を通過して下流に流れる水量を規定します．下流の村は，上流部の堰を通って流れてくる水をまた堰き止めて利用するわけですから，上流部の堰の構造については常に多大な関心を払っていました．したがって，堰の構造は，上流と下流の村同士の長年にわたる交渉と抗争の結果，1つの慣習・先規として定まってきた場合が多いのです．

　1つの河川に複数の堰があり，上流と下流のそれぞれの堰から取水する複数の用水組合がある場合には，上流にある堰の構造を工夫することによって，用水組合相互の水配分を調整しました．上流の堰をあまり堅固に造ってしまうと，水がそこで堰き止められて下流に行かなくなってしまうので，適当な量が堰を通って下流の堰まで流れるような工夫が求められたのです．そのためには，大きな石で堰を造って隙間から水が流れるようにしたり（小さな石をきめ細かく積んで堰を造ると，堰を通過する水量が減ります），堰の一部に水路を開けてそこから水を通したり，堰の高さを制限することで堰の上端を越えて必ず下流に一定量の水が流れるようにしたりと，いろいろな方法がとられました．

　それでも，渇水時には背に腹は代えられず，上流の堰から取水する村々が堰を補強して水を独占しようとしたり，それに反発した下流の村々が実力で堰を破壊して下流に水を流したりといった具合に，激しい対立が生じることもありました．用水をめぐる争いの原因で多いのは，上流の村々が自村に都合のいいように堰の構造を変更し，そのために下流の村々が用水不足に陥ることによる

ものでした．

　また，用水組合ごとに取水時間を決めて交互に取水したり（番水），川や用水路の中に構造物を設けて，物理的に水流を分割したり（分水）することも，よく行なわれました．分水では，川の中に石や木杭を設置して水流を2分したりしたのです．順番に取水するから番水，水を物理的に分けるから分水というわけです．

　用水組合を構成する村々の関係は必ずしも対等平等ではなく，そこには何らかの格差が存在する場合が多くみられました．共同は，必ずしも平等を意味しなかったのです．

　河川灌漑の場合，河川から用水路に水を取り入れる取水口にもっとも近い所にある村が優越的な地位を占めるケースがよくありました．取水口に近い上流の村は，取水上有利な位置にありますから，それだけ強い発言権をもつのは自然の成り行きです．用水路の分岐点にある村も，地理的に有利な位置にあったといえます．

　用水路の開設にあたって特別な貢献があった村や，開設に尽力した人物の居住する村が，その後も特権を維持し続けることもありました．また，用水組合村々の中で経済的に有力な大規模村や，政治的中心となっている村が，用水利用においても有利な地位を占める場合もみられました．さらに，用水組合に最初から属していた村と，途中から加わった村との格差など，歴史的経緯に基づく格差もありました．こうした格差は，大きな流れとしては解消の方向に向かいましたが，格差が近代以降まで存続したり，新たな格差が生じたりする場合も少なくありませんでした．

3. 水争いはなぜ起こったか

　江戸時代には，用水をめぐって，各地で争いが繰り返されました．今でも，互いに自己主張して譲らず，延々と言い争うことを「水掛け論」といいますが，これは百姓たちが水をめぐって互いに一歩も譲らず争ったことからきた言葉です．

　また，「我田引水」という言葉もあります．これは，物事を，自分の都合の

いいように言ったりしたりすることですが，これも百姓たちが自分の田にだけは水を入れようとする姿勢からきたものです．

このように，百姓たちにとっては用水の有無は死活問題であり，用水の確保をめぐって村同士で時には激しい争いが起こりました．水争いの原因としては次のようなものがあげられます．

①堰の構造をめぐる争い——これについては前述しました．

②樋の形態をめぐる争い——樋には，河川から取水した水を先へ送る長い導管を指す場合と，取水口に設けられた水門を指す場合があります．いずれにしても，その形態は取水量に大きく影響します．導管としての樋を大きいものに変えれば，それだけ多くの水を通すことができますから，それを利用する用水組合には有利になりますが，下流の用水組合には不利になるといった具合です．したがって，樋の形態の変更は村々の争いの原因となりました．

③川浚いをめぐる争い——河川や用水路の川底の土砂を浚渫する川浚いは，これを定期的に行なわなければ，川底に土砂が溜まって流れが悪くなり取水に影響するので，必ず定期的に行なう必要がありました．しかし，場合によっては，これも村々の争いの火種になりました．

たとえば，上流の村々が，自分たちが使う用水路の取水口により多くの水が来るように川底を深く浚ったため，下流の村々と争いになることがありました．これは，自分たちに有利な仕方で川浚いをしたことによって争いになったものですが，逆に上流の村々が定期的に川浚いをしなかったために，下流への水流が滞ってしまい，それが原因で争いになることもありました．また，川浚いに出す労働力や費用の負担方法をどうするかも，争いの原因となりました．

④番水をめぐる争い——番水とは，村々が時間を決めて交互に取水することです．これは，村々間の公平な取水のための有効な方法ですが，各村の取水時間や，取水の順番をめぐって争いが起きることもありました．

⑤分水施設の設置形態をめぐる争い——先述したように，分水とは，川や用水路の中に構造物を設けて，物理的に水流を分割することです．分水をめぐる争いには，既存の分水方法が公平かどうかをめぐるものや，時間の経過による分水施設の形状変化をめぐるものなどがあります．後者には，分水のために川中に設置した石が，時とともに徐々に，あるいは洪水によって，動いたり傾い

たりしてしまい，水の配分割合が以前とは異なってしまったために争いになったケースなどがあります．

⑥河川の両岸にある堰同士の取水争い——川の両岸からそれぞれ堰が川中に張り出しているときには，より上流の堰のほうが取水には有利になります．そこで，下流の堰を利用する村々は，堰の位置を対岸のそれよりもさらに上流に付け替えて，より有利な条件で取水しようとすることがありました．

川の同じ側にある堰同士ではこのような露骨な行為は少なかったのですが，対岸の場合にはこうしたことが行なわれることがあり，堰の付け替えをめぐって争いになる場合もあったのです．

⑦耕地開発と用水確保の矛盾——耕地を増やしたいというのは，百姓たちの強い願いでした．また，領主にとっても，耕地の増加は年貢の増収につながりましたから，領主も耕地開発を奨励しました．

その一方で，新しく耕地が開発されると，その分だけ多くの用水が必要になりますから，従来からある田が水不足になる可能性が出てきます．そこで，新田開発と用水確保のバランスをどう取るかをめぐって，争いが起こりました．

以上述べたように，江戸時代にはさまざまな理由で多くの水争いが発生しました．ときには，それが対立する村同士の暴力沙汰になる場合もありました．江戸幕府は，こうした水争いにどのような方針で対処したのでしょうか．

江戸幕府は，まず村々の百姓による武力行使を厳禁しました．幕府は，1609（慶長14）年の法令で，「山や水をめぐる争いの際に，弓や鉄砲を用いて武力行使をする者がいたら，その者が住む村全体を厳罰に処する」と定めました．水争いを実力行使によって解決しようとすることを厳禁し，争いは平和裡に解決すべきものとしたのです．この基本方針は，江戸時代を通じて変わりませんでした．

幕府のもう1つの基本方針は，用水の利用に関してはできるだけ村々の自主管理に委ねて，直接の関与を避けるというものでした．村々が自主的には解決できない紛争が生じたときに，はじめて判断を示したのです．ただし，渇水などの非常時には，幕府役人自ら用水の配分を行ない，村々の争いを未然に防ぐこともありました．

こうした幕府の姿勢もあって，管理を中心的に担った村側の担当者の責任は

重大でした．『耕作噺』（江戸時代の農業技術書）には，庄屋（村の代表者）の第1の務めは，年貢徴収ではなくて，用水の確保・管理であると書かれています．用水路の維持や用水の適切な分配のために，庄屋などの村役人のほかに専任の担当者を置く場合も多くみられました．

　江戸時代に全国各地で水争いが多数起こったことは事実ですが，同時に争いを解決し，用水の平和的な利用を回復するための努力が重ねられ，そのための知恵と工夫が発揮されました．争いを未然に防ぐための，公正・公平なルールづくりも進められました．こうした百姓たちの粘り強い取り組みによって，水を紐帯にした，村を超えた地域社会の結びつきが強まっていったのです．

4. 水が村と百姓の個性をつくる

　前節までででは，江戸時代における百姓と水の関係のうち，治水をめぐる諸問題と，農業用水の利用をめぐる村同士の結びつきと対立について述べました．今度は，個々の村の内部における水利用について述べていきましょう．

　江戸時代には，水や林野などの自然資源は，すでに無尽蔵にあるというものではなくなっていました．新たな耕地の開発にともなって，資源の希少化が現実のものとなり始めていたのです．耕地は林野を切り拓いて造成しますから，耕地が増えればその分林野は減少します．また，耕地が増えればそれだけ必要な農業用水量も増加するので，水不足になりやすくなります．

　そうしたなかで，村は，自然資源を維持し，永続的に利用するために重要な役割を果たしていました．村は，水や林野の適正な利用秩序を定めることによって資源の過剰収奪を防ぎ，また資源維持に必要な労働を投下することによって環境保全を実現していたのです．

　ただし，林野は個々の家に分割できますが，水利灌漑施設は分割することができません．ここに，水と林野の違いがありました．

　江戸時代の村は，開放性と閉鎖性の両面をもっていました．村は用水利用の単位としての一体性をもっていましたが，それは自己完結したものではありませんでした．村はほかの村々と共通の用水路を利用している場合が多く，そこでは村々が協議して公平な用水利用を実現する必要がありました．すなわち，

村にはほかの村々と連合・協力するという開かれた性格（開放性）が備わっていたのです．

　その反面，渇水時などには，村人たちが一致団結して，利害の反する村と水をめぐって激しく争いました．村のなかにも村人同士の利害対立はありましたが，村が用水利用の基礎単位だったため，ほかの村との争いの際には，村人たちが一致団結し，村の求心力が強まったのです．村人たちは，一面では「敵がいるから結束する」という関係でした．また，水は村人たちが個よりも集団（村）の利害を優先するような集団主義的考え方を強める要因でもありました．ここに，村の閉鎖性が表れています．

　用水路は，放っておけば土砂が堆積したり，木の枝や草が繁ったりして，流れが悪くなってしまいます．そこで，毎年，水底を浚ったり，用水路に張り出した木の枝や草を刈ったり，崩れた個所を補修したりといった作業が必要になります．こうした用水路の保守に必要な労働は，村人たち自らが担っていました．村内を流れる用水路の維持・管理の責任主体は村であり，用水組合の基礎単位も村でした．個々の百姓家は個別に用水組合の構成員になっていたのではなく，村の一員として，村を通じて用水組合に所属していたのです．村なくして，安定的な用水利用は不可能だったといえるでしょう．

　用水路の保守に要する労働力の割り当て基準としては，多くの村で，1戸から1人ずつといったように，各戸平等の割り当て原則を採用していました．村の各戸の所有耕地面積には差がありましたが，皆同等の労働力を提供したのです．これは，純粋に経済的な観点からすれば不平等なやり方だといえますが，そこには，村の一員として「村の水」を利用している以上は，所有面積の違いに関係なく，同等の負担をすべきだという考え方が存在していました．所有面積の少ない家も，多い家と対等に扱われていたともいえます．これを，不平等とみるか平等とみるかは，観点の相違だといえるでしょう（玉城，1976：1978：1982）．

　なお，村が用水利用の単位であるというのは一般原則ですが，個々の村をみると，村ごとの個別事情によって多様なあり方が存在しました．たとえば，村のなかに複数の用水路がある場合，それぞれの用水路を利用する家々がその維持・管理を担当するというように，村内が水利用の面でいくつかのグループに

分かれている場合もありました．また，畑作物の栽培に要する水を井戸や雨水に頼っている場合，用水路の維持・管理費用を田の所有者だけが負担して，畑のみの所有者は負担しないというケースもありました．ここには，受益者負担主義的な考え方がみてとれます．村々は，それぞれが置かれた自然的・社会的条件に応じて，それに適合的な水利用形態を工夫していたのです．

5. 「田越し灌漑」とは何か

　江戸時代の百姓たちは，自家の都合だけで，各種農作業の時期や作付け作物の種類を決めることはできず，村全体のルールに従う必要がありました．

　江戸時代には，1枚1枚の田が水利上，独立していませんでした．個々の田が，個別に用水路から取水する仕組みにはなっていなかったのです．どうなっていたかというと，「田越し灌漑」という方法がとられていました．図2をみてください．これは，用水路の脇に，5枚の田が並んでいるところを示したものであり，水は図の上方から下方へと流れています．田の持ち主を，上流側から順にA・B・C・D・Eとします．したがって，Aさんの田が相対的に一番高い所にあります．

　用水路から取水するとき，それぞれの田に直接引水できれば一番都合がいいわけです．しかし，江戸時代の技術力水準では，それが困難な場合が多かったのです．そこで，以下のような方法が採られました．まず，比較的高い所にあるAさんの田に用水路から水を引き入れます．そして，Bさんの田へは，Aさんの田を通して水を送ります．Aさんの田とBさんの田を区切る畦に水路を開けたり，トンネルを通したりするのです．同様に，Cさんの田へはBさんの田を通して水を入れます．さらに，Cさんの田からDさんの田へ，Dさんの田からEさんの田へと水を送っていきます．

　すなわち，比較的高い所にある田から隣接するより低い田へと順々に水を落としていく方式です．1枚の田は，隣の田から畦越しに水を貰い，さらにそれを隣の田へと流していくのです．これが「田越し灌漑」であり，江戸時代の技術力水準のもとで広く採用された灌漑方法でした．

　田越し灌漑によって，村人の間にはいかなる関係が生じたでしょうか．田越

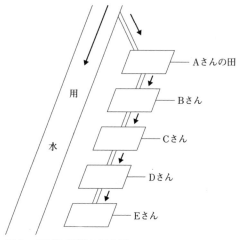

図2　田越し灌漑の概念図

し灌漑は，個々の田の非独立性をもたらしました．田越し灌漑のもとでは，1枚の田に，いつ水を張り，いつ田植えをするかは，その田の持ち主が一存で決めることはできませんでした．たとえば，Bさんが田植えをするとき，当然田には水が張られていなければなりません．しかし，Bさんの田に水を張るには，その前にAさんの田に水が張られている必要があります．Aさんの田に水が張られたあとで，その水がAさんの田を通ってBさんの田に来るからです．したがって，Bさんが田に水を入れ，田植えをする日取りは，それらについてのAさんの日取りによって決まってきます．Bさんは自分の都合だけで，農作業の日程を決めることはできないのです．

　同様に，Cさんの農作業の日程はAさんとBさんのそれに，Dさんの農作業の日程はA・B・C各家のそれに規定されることになります．このように，田越し灌漑のもとでは，上の田からいつ水が来るかによって，下の田の田植え時期が決まってきます．したがって，隣り合う何枚かの田の持ち主が，日程を調整して田植えを行なう必要があり，そのためには上下に隣接する田の持ち主がよく相談しなければなりませんでした．

　それでも，1軒の家が所有する田が1カ所にまとまっていれば，少しはやりやすかったでしょう．上の田も下の田も自分の所有地ならば，自分だけの判断

による引水が可能だからです．けれども，実際にはそうはなっていませんでした．各家の所有する田は，村のあちこちに少しずつ分散しているのが普通だったのです．これを「分散錯圃制」といいます．各家の所有耕地（圃場）が村内各所に分散し，家々の耕地が相互に錯綜しているということです．

　分割相続や耕地の売買・譲渡などの繰り返しによって，「分散錯圃制」は歴史的に形成されてきました．また，「分散錯圃制」にはメリットもありました．所有耕地が村内の各所に分散していることで，災害に遭う危険も分散させることができたのです．たとえば，Aさんが，村内の川沿いと山際に耕地を所有しているとしましょう．すると，洪水の際には，川沿いの耕地は被害を受けますが，山際の耕地は被害を免れることができます．山崩れの際には，山際の耕地は被害を受けても，川沿いの耕地は被害を逃れられます．いずれの場合も，収穫が皆無という最悪の事態は避けられるのです．

　また，各所に分散した耕地にそれぞれ異なる作物・品種を作付けすることによって，危険の分散のみならず，農業経営の幅を広げることができます．所有地の分散は一面で不便なこともあったため，百姓たちは，時には互いの所有地を交換するなどして，所有地を自家の屋敷の周囲にまとめようとすることもありましたが，上記のようなメリットもあったため，全体としては江戸時代を通じて，多くの村で「分散錯圃制」が維持されたのです．耕作機械を用いず，鍬や鎌などの農具によって行なわれた江戸時代の農業においては，小規模な耕地が各所に散在していてもそれなりに耕作できました．また，仮に「分散錯圃制」を解消しようとしたとしても，複雑な所有関係を大幅に改変することは現実には困難でした．

　話を，田越し灌漑に戻しましょう．田越し灌漑と「分散錯圃制」に規定されて，江戸時代の用水は「村の用水」であって，「家の用水」「個人の用水」ではありませんでした．図2に示したような関係は，村内のいたる所に存在しました．村内各所で，田越し灌漑で結びついた田の所有者同士が話し合って，毎年の農作業のスケジュールを調整していたのです．こうした田越し灌漑によるつながりは網の目のように広がって，村全体を覆うものになっていました．

　田植えだけではありません．地目の変換も，所有者の一存ではできませんでした．たとえば，図2で，Cさんが菜種の高価格に目を付けて，田を畑に転換

して菜種を栽培することを考えたとしましょう．しかし，Cさんの田が畑になれば，Cさんの田を通して水を入れていたDさんとEさんの田には水はこなくなります．水田が維持できなくなるのです．そこで，DさんとEさんが水田を維持しようとしてCさんの計画に反対すれば，Cさんは田を畑に転換することは断念しなければなりません．Cさんの田はCさんの所有地ではあっても，Cさんの一存でその利用形態を変えることはできず，隣接する耕地所有者の合意が不可欠だったのです．田越し灌漑は，一面では，百姓の農業生産上の自由度を制約する枠組みでした．

6. 百姓にとって水は絆であり鎖でもある

　以上みたように，農業用水は最終的には各家が利用するわけですが，それはあくまでも村の水を村のルールに従って利用するものだったのです．水は，村人たちを結びつける絆であり，また拘束する鎖でもありました．百姓たちは，隣接する耕地の所有者同士，ひいては村全体で緊密に結びつき共同歩調をとらなければ，日々の農作業を円滑に行なうことはできなかったのです．水利用のあり方が，「個人の意見を強く主張するよりも，自分の属する集団の和を乱さないことを優先する」というような，百姓たちの集団主義的心性をつくり出したといえます．

　村人たちは，それぞれに自家の農業経営の発展を望んでいました．私的利益の追求者として，日々経営改善に知恵を絞り，工夫を重ねていたのです．その点では，ほかの村人たちは皆ライバルでした．「隣の不幸は鴨の味」（隣家の不幸をみるのは，絶品の鴨料理を味わうように快い）という言葉は，それをよく表しています．しかし，その一方で，村人たちは一致協力して，村の農業環境の維持・改善に取り組みました．一見矛盾するようですが，ライバル同士が団結していたのです．その秘密は，用水にありました．

　水田は，用水路から水を引き入れなければ，水田としての機能を果たしません．そして，用水路は個々の百姓の専有物ではなく，村全体の共有物でした．用水路を流れる水も「村の水」であり，村全体のルールのもとでのみ利用することができました．田越し灌漑が村人同士の結びつきをさらに強めました．

したがって，農業経営の発展にとって不可欠な用水路の維持・管理，さらにはその改善は村ぐるみで行なうことになります．経営を発展させ私的利益を追求するためには，その前提として，用水利用における村全体の共同が不可欠だったのです．村全体で結束することなしには，私的利益は実現できませんでした．村の和を乱して自家の利益だけを追求する行為は，結局ほかの村人たちの反発を招いて失敗することになります．したがって，村の和を尊重し，その範囲内で自家独自の工夫を凝らしたのです．私的利益は，共同の利益と密接に結びついており，これがライバル同士が団結する要因でした．

この点では，地主も同じ条件下にありました．彼らは，所有地の一部を小作人に貸して耕作を任せ，そこから小作料を得ていました．そこで，確実に小作料を得ようとすれば，小作地に安定的に用水を確保しなければなりません．地主には，小作人の耕作条件を保障する責任があったのです．そして，小作地に引く水もやはり「村の水」でしたから，用水利用の面では，地主も一般の村人たちと利害関係を同じくしていました．

そこで，彼らは率先して水利環境の維持・改善に努めるなどリーダーシップを発揮したのです．ここでも，私的利益と共同の利益とは表裏の関係として一体化していました．江戸時代には，地主が私財を投じて村の用水施設の改善を行なった事例が各地にみられました．ただし，それは「慈善事業」ではありませんでした．村全体の水利環境の改善は，自家の収入増加につながっていたのです．こうして，地主が蓄積した富の一部は，水利への投資というかたちで村に還元されることになりました．村全体の利益を図るなかで私利を追求するというのが，地主を含めた村人たちの基本姿勢だったといえます．

以上述べたように，江戸時代の百姓と現代の都会人とでは，水との関わり方が大きく違います．現代のわれわれは，水が手軽に手に入る一方で，水の管理は人任せ，行政任せにして，水と疎遠になっているといえるのではないでしょうか．水との付き合い方は，時代によって大きく変わってきたのです．

現代は，地球規模での環境破壊や資源の枯渇が問題になっています．これらは，われわれすべてが自分のこととして考えるべき問題です．そのとき，やや遠回りにはなりますが，われわれの先祖が水とどう付き合ってきたのか，その歴史を具体的にひもとくなかから，解決のヒントを探るのも意味のあることだ

と思います.

　江戸時代の村は,現代と比べればエコロジー社会だったといえますが,そこにも自然破壊や環境問題はあり,災害も村を襲いました.そうしたなかで,百姓たちは知恵を絞って,自然とのより良い付き合い方を模索していたのです.本章は,そうした努力の一端を,水の問題に絞って述べたものです.

　[付記] 本章は,渡辺尚志(2017)「村と百姓の江戸時代」(その1・その2)『農業および園芸』92(1)(2) を改訂したものである.

文献リスト
大熊孝(2004)『技術にも自治がある』農山漁村文化協会.
喜多村俊夫(1950)『日本灌漑水利慣行の史的研究 総論篇』岩波書店.
鬼頭宏(2007)『図説 人口で見る日本史』PHP研究所.
玉城哲(1976)『風土の経済学』新評論.
玉城哲(1978)『むら社会と現代』毎日新聞社.
玉城哲(1982)『日本の社会システム』農山漁村文化協会.
玉城哲・旗手勲(1974)『風土』平凡社.
渡辺尚志(2008)『百姓の力』柏書房(2015年にKADOKAWA〈角川ソフィア文庫〉より再刊).
渡辺尚志(2009)『百姓たちの江戸時代』筑摩書房〈ちくまプリマー新書〉.
渡辺尚志(2013)『近世百姓の底力』敬文舎.
渡辺尚志(2014)『百姓たちの水資源戦争』草思社.

第II部　水をめぐる環境整備

3章　水の環境問題

野田浩二

1. はじめに

　水の環境問題を理解しようとするとき，水量と水質の2つの側面に区別することができます．水なくして，わたしたちは生活を送ることができません．そのため社会は古今東西，ダムをはじめとした水インフラに莫大な労力と金銭を費やしてきました．お天道様の機嫌が悪くなり，雨が降らなくなっても，あらかじめダムで水を貯めておくことができれば，いつでも水を利用することができます．だからこそ，数多くのダムが世界中に建設されてきたのです．

　しかし，河川をダムや堰で埋め尽くしてきた結果，河川に生きる生物はその基盤を脅かされてしまい，その数を急速に減らしつつあります．社会にとって良かれと思ってしたことが，別の問題を引き起こしてしまうのです．そのため一部の先進国は，生物が住みやすい河川づくりをはじめています．これが水量からみた水の環境問題です．

　その一方，わたしたちの生活は川や海の水質にも大きな影響を与えています．日々のトイレや食事後の洗い物は，汚れた水を川や海に捨てることで成り立っています．もちろん，そのまま捨てているわけではなく，汚水は下水道施設である程度きれいにされます．しかし，自然の浄化能力を超えて排水された場合，川や海の水質は悪化していきます．水質が悪くなれば，そこに生きる生物に悪影響を与えます．これが，水質からみた水の環境問題となります．

　このように，わたしたちの生活は量と質の両方で，水環境に影響を与えています．経済成長だけを考えて，経済的利益の獲得だけを考えて，川や海を利用する時代は終わりました．経済成長と環境保全のバランスを取り戻すのが，21

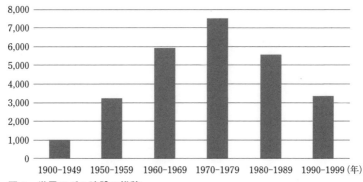
図1　世界のダム建設の推移
出典：International Commission on Large Dams（2003）に基づき筆者作成．

世紀の水政策の課題となっているのです．これから，この時代の変化を解説していきます．

2. 量からみた水の環境問題

2.1　第二次世界大戦後のダム開発

　第二次世界大戦が終わった後，日本を含む世界は積極的に経済開発を進めてきました．高い経済成長を実現させるため，水の開発も積極的に進められてきました．ここでの開発とは，社会に経済的利益をもたらすように，できるだけ多くの水を無駄なく利用することを意味し，その中心がダムだったのです．

　図1は年代ごとに世界のダム建設数をみたものですが，1950年以降，その数が急激に増えていることがわかります．地域別でみると，アジアが全体の39％，北アメリカが32％を占めています．さらに，高さが150 m以上のダム——つまり超巨大ダム——は全体のわずか0.47％（154件）に過ぎませんが，総貯水量でみると全体の約18％を占めており，超巨大ダムの影響力の大きさが示されています[1]．

　なぜ世界はダム建設を進めているのでしょうか．ダムが活用され続けた最大の理由は，ダムの貯水機能にあります．人口が少ない頃は，河川に自然に流れ

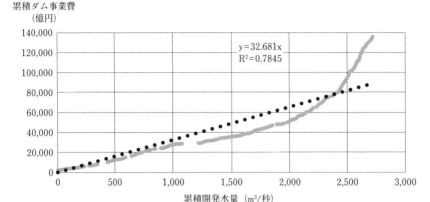

図2 戦後日本の累積ダム事業費の推移 (n=680)
注:ダム開発費は建設デフレータ(河川総合)で現在価値化している(2005年度=100). 水力発電については,常時使用水量の値を用いた.
出典:日本ダム協会(2016)に基づき筆者作成.

ている水で足りたのです.しかし,人口が増え経済が発展していくなかで,社会が必要とする水は不足していきました.この不足分を埋めるのが,ダムの貯水機能なのです.いつでも自由に水を利用するために,変動する降水量や河川水量を平準化するダムなくして,現代社会は成立しないのです.そのため,世界各地でダム開発が進んでいきました.

日本でも,戦後急速にダム開発が進められてきました.『ダム年鑑2016』のデータを利用すると,合計2759件のうち,1946年度以降に完成したダムの割合は約68%(1887件)を占めており,ダム開発の中心時期は戦後であることがわかります.

また図2で示したように,戦後のダムの累積事業費(億円)の推移をみると,累積開発水量(m^3/秒)が増えるにつれ,ダムの累積事業費は急速に上昇していることがわかります.つまり,ダム開発に優れた場所はすでに開発されてしまっており,ダムを新しくつくればつくるほど,その費用が高くついてしまっ

---

1) 世界のダムデータについては,International Commission on Large Dams (2003) に負っています.

ているのです．これは，ダム開発が現代になるほど難しくなっていることを示唆しています．

2.2 アメリカにおけるダム撤去と河川再生

　ダムは社会の発展に寄与してきた反面，河川生物に悪影響を及ぼしてきました．たとえばサケは川で生まれ海で成長し，そしてやがてその川に戻ってきます．このとき生まれた川にダムがあると，遡上することができません．サケは子孫を残すために川を遡上する必要がありますが，ダムがそれを邪魔しているのです．その結果，サケの数が減ってしまい，種としての存続が危ぶまれるようになりました．

　この点はとくにアメリカで大きな問題となっています．アウトドアメーカーのパタゴニアが支援して，2014年に公開されたドキュメンタリー映画，*DAM NATION*（ダムネーション）が注目されています．アメリカ西部を舞台にした映画です．ダムネーションを直訳すると，「ダムの国」という意味になりますね．自分の国がダムで埋め尽くされている現状に疑問を呈し，環境破壊をしてまでそのダムは本当に必要なのかどうかを訴えています[2]．

　そして，現在もっとも注目されているアメリカ西部のダム問題が，オレゴン州とカリフォルニア州を流れるクラマス川（Klamath River）再生問題です[3]．この問題における利害関係は複雑に絡み合っています．クラマス川上流には連邦政府が開発した開墾地があり，クラマス川は灌漑用水の供給源として活用されてきました．またアメリカ先住民の居住地があり，先住民はクラマス川での伝統漁の復活を望んでいました．そして，肝心の4つのダムは水力発電のために建設され運用されてきました．クラマス川はサケなどの絶滅危惧種にとって重要な生息地である反面，このダムがその遡上を阻んでいました．

　クラマス川の環境再生のためには，ダムを撤去し遡上の障害を取り除くこと，農業のために水を取り過ぎないことなどが必要であり，環境を優先するのか経

---

[2] アメリカのダム撤去に興味があれば，環境NGOのAmerican RiversのHPが有用です．ここでは，1936年以降のダム撤去に関する情報をみることができます．
[3] クラマス川再生問題の記述は，野田（2015）とKlamath River Renewal Corporation（2018）に負っています．

図3　撤去予定のアイロンゲートダム
出典：筆者撮影（2015年9月）.

済を優先するのかが問われたのです．交渉は難航をきわめましたが，2016年4月に，2020年から4つのダムを撤去することが正式に決まりました．図3は，撤去予定のダムの1つです．

　ここで興味深いのは，ダム撤去費用を誰が負担したのかです．たとえ不用なダムであることがわかっていても，その撤去費用は別に必要となりますので，その費用を用意できなければ，ダム撤去は実際には進みません．クラマス川再生問題では，ダムの所有者ではなく，オレゴン州とカリフォルニア州の電力利用者や，カリフォルニア州政府が，撤去費用として見積もられている3.98億ドル（1ドル＝112円として，446億円）を負担するのです．いい方を変えれば，市民がクラマス川再生のために，200億円以上の河川再生費用を負担してもよいと判断したのです．

　もちろんアメリカといえども，簡単に環境再生のためダム撤去が進められているわけではありません．例えば，クラマス川以上に絶滅危惧種にとって重要な生息地のコロンビア川では，数多くのダムが建設され利用されています．その1つのボンネビルダム（水力発電）は，この地域の重要なエネルギー源であ

図4　コロンビア川のボンネビルダムと魚道の遡上風景
出典：筆者撮影（2015年9月）．

るため，この撤去は政治的に，経済的に難しいのが現状です．しかし，一切環境を無視することができるかというと，そうではないのです．ダムを撤去しない代わりに，魚の遡上を助ける魚道を設置したり水量を調整したりして，環境保全と経済活動との新しい関係を探っているのです（図4）．

2.3　日本におけるダム撤去と河川再生

　日本でも，熊本県の荒瀬ダム（熊本県所有の水力発電用ダム）の撤去が進められています．2002年にダム撤去が決まったものの，知事の交代などの影響もあって，その方針が二転三転しました．結局2010年に，ダムの撤去がはじまりました．最終的な撤去費用は84億円程度の費用がかかりました．この大半は，所有者の熊本県の負担となります．日本でのダム撤去事例はこれしかありませんが，荒瀬ダムの撤去が河川生物にどのような影響を与えるのかを今後検証する必要があるでしょう[4]．

　建設済みのダムを壊すのではなく，本当に必要かどうかを精査して，不要なダム自体をそもそも建設しないことも，河川環境の再生につながります．『ダム年鑑2016』のデータによると，138事業でダム建設が中止されています

---

[4]　荒瀬ダム撤去問題については，つる（2013）や毎日新聞（2018）などを参照しました．

図5　熊本県荒瀬ダムの撤去風景
出典：筆者撮影（2015年8月）．

図6　長良川河口堰
出典：筆者撮影（2015年12月）．

（2015年4月1日現在）．このような動きは，1990年代の公共事業反対運動，とくに長良川河口堰建設問題を発端としています[5]．

　ダム建設の専門機関である水資源開発公団（現・水資源機構）所有の長良川河口堰は，治水や塩水の侵入防止と利水（愛知県・三重県・名古屋市の水道用水や工

5）　長良川河口堰建設問題については，伊藤他（2003）などを参照しました．

業用水)のために,約1500億円(利子なし金額)かけてつくられました.さらに,河口堰が立地する2つの自治体に対して,水源地振興のための事業が別に実施されており,その総額は約2000億円にのぼるとされています.つまり,長良川河口堰建設の「本当の費用」は少なくとも,建設費と維持管理費,そして水源地振興関連費の合計約3500億円として理解する必要があります.3500億円を支払ってまで,長良川河口堰は本当に必要なのかが問われてきたのです.

この問題の経緯については他に譲るとして,ここで指摘したいのはその計画の甘さです.必要だから開発されたはずの水が実際には利用されず,それにもかかわらず,利水者は建設費用や維持管理費用の一部を負担しているのです.いい方を変えれば,名古屋市民は使ってもない水に対して費用負担しているのです[6].

公共事業は計画から完成まで長い期間を要します.その過程で社会情勢も変化します.現在の日本でいえば,人口減少・低成長時代への突入です.そのため当初の計画通りに進まないことは十二分にあり得ることで,社会情勢の変化に合わせた計画の見直し作業が,今後はより一層求められるといえます.無駄なダム建設をやめれば,それだけ河川再生につながるのです.

3. 質からみた水の環境問題

3.1 商品としてのし尿

「汚水」という言葉が表しているように,わたしたちは日々炊事や洗濯,排泄を通じて汚水を作り続けています.汚水というぐらいですから,汚れたものはいち早く目の前から消えてもらいたいと思うでしょうし,実際汚水は瞬時に目の前から消えるように,現代の汚水処理制度は構築されているのです.

ところが日本の江戸時代を振り返ると,汚水とくにし尿が商品として流通していました.し尿の買い手(需要者)は農家です.農家は自分のために,汚くて臭いはずのし尿を取りに行き,野菜栽培のための肥料として活用していまし

---

[6] 長良川河口堰の費用については,長良川河口堰検証専門委員会(2011)に負っています.

た．し尿の売り手（供給者）は大名や長屋の管理人などでした．彼らは汚物を処分できただけでなく，その対価（野菜などの現物の場合も）を受け取ることができたのです[7]．

読者の皆さんがコンビニでジュースを買うのとまったく同じように，商品であるし尿は自分たちの利益のために，売り手と買い手の間で売買され有効活用されていたのです．し尿が商品である限り，お上はとくに何もしなくてよかったのです．

このようなし尿経済の確立が，江戸がエコ先進国であった理由の1つです．実際，し尿処理にまつわる絵が数多く残されています．たとえば，十返舎一九の『怪物輿論・田舎草紙・滑稽臍栗毛』の挿絵として，農家がし尿を汲み取ろうとする様が描かれています．

図7　歌川広重「妻恋ごみ坂の景」
出典：国立国会図書館所蔵．

また，国立国会図書館所蔵の歌川広重『江戸名所道外盡』（1859年）における「妻恋ごみ坂の景」は，幕末の（公衆）トイレ風景を切りとったものです（図7）．武士が公衆トイレで用を足している最中ですが，お供が鼻を押さえている姿から，どうやら相当臭いようです．身分の関わりなく，臭いものは臭いと解釈することもできます．

ただこのトイレは，現代の公園にある公衆トイレと同じものではないでしょう．つまりこのトイレはお上のものではなく町人の誰かのもので，自由に用を足すことはできるが，トイレの所有者がそのし尿を売り，金銭なり野菜なりを得ていたと推察することができます．し尿が商品である限り，それは収入源に

7）江戸のし尿処理については，花咲（2008），NPO日本下水文化研究会屎尿研究分科会編（2003），根崎（2008）などに詳しいです．

なるのですから，決して放置することはあり得ませんし，用を足してもらうためにはトイレを清潔に保つよう努力していたことでしょう[8]．

しかし明治維新後，東京は急速に発展し人口が増大していきます．第一次世界大戦前後で，江戸・東京のし尿は商品から厄介物に，つまり農家がし尿を買っていた状況から，対価を受け取ってし尿を処理する状況に変化したようです．さらに，市場が厄介物としてのし尿を処理しなくなったために，し尿処理の仕事は税金を使って行政に任せられるようになっていったのです．その最終形態が下水道といえます[9]．この点は後述するとして，江戸のし尿処理の対比のために，19世紀ロンドンにおけるし尿処理についてみたいと思います．

3.2 厄介物としてのし尿

ヨーロッパでもし尿は商品として流通していた時代・地域があったようですが，産業革命によって世界の超大国となったイギリス・ロンドンでは，し尿の需給バランスが崩れ，厄介物としての処理に迫られたといえるでしょう[10]．

この点を考えるうえで，まずは図8の絵からはじめたいと思います．これは，ジャーナリストであったヘンリー・メイヒュー（Henry Mayhew）の『ロンドンの労働と貧民』（*London Labor and the London Poor*）の挿絵の1つです．彼はスラム街や貧困層の生活にこそ社会問題が凝縮していると考え，貧困層が担っていたゴミ処理やし尿処理という，いわゆる3K（キツイ・キタナイ・キケン）と呼ばれる仕事に注目していったわけです．図8はそのなかの1つ，し尿処理を担うナイトマン（night man）を描いたものです．

ナイトマンというのは，英語の辞書にも載っています．ナイトマンの意味はし尿の汲み取り人で，し尿はナイトソイル（night soil）といいます．ここで1

[8) 少し脇道にそれますが，トイレに「へのへのもへじ」と「相合傘」が描かれていることに気がついたでしょうか．トイレに落書きをするのは，日本の文化かもしれません（少なくとも昭和時代までは）．相合傘の描き方は，時代や地域によって変化しています．たとえば，ふたりを別れさせたいために，三角形の真ん中に線を引くという描き方もあったようです．皆さんの描く相合傘を教えて欲しいものです．
9) し尿が商品から厄介物に変化した歴史的背景については，小島編（1961）などが詳しいです．
10) 19世紀ロンドンのし尿処理や下水道については，ジャクソン（2016）などが詳しいです．

つ強調しておきたいのは，夜に作業しているところが大事なポイントなのです．なぜ夜なのか．これは，普通の人は自分が出したし尿は，汚い，臭いから触りたくないし，この処理の風景も見たくないので，夜に汲み取ってくださいねという感覚が生まれたのではないかと考えられるのです．

ナイトマンは地下に埋設されたし尿溜めに降り，そこから人力でし尿を樽に移し替え，し尿を回収していました．し尿が溜まるたびに汲み取りますから，家主はその作業ごとにナイトマンに汲み取り費を支払って

図8　19世紀ロンドンのナイトマン
出典：Mayhew（1967）．

いたと思われます．ナイトマンは専業というよりは，煙突掃除人やゴミ処理人などが兼業していたようです．

このようなナイトマンという人力によるし尿処理は19世紀後半以降，下水道によって取って代わられていきました．し尿は不潔で病気の源です．19世紀のヨーロッパでは，コレラが流行し，その対策として都市は清潔であるべきという考えが浸透していきました．下水道整備はその一環に位置づけられ，厄介物のし尿処理が行政の仕事となります．さらに，し尿は厄介物で役に立たないのですから，早く都市の外に出していきましょう，し尿を効率良く素早く処理する技術と制度が社会的に求められたのです．

しかし，ここでひとつの矛盾が生じました．当時のロンドンにとって，テムズ川は重要な水道水源でした．清潔な水をテムズ川に求めた反面，汚物の捨て場としてもテムズ川を利用していました．汚物の捨て場であれば当然，テムズ川は汚れ，深刻な水質汚染問題を引き起こすことになりました．その結果，（テムズ川の）水質汚染問題に対する政府の無策ぶりを批判する風刺画が数多く描かれました[11]．当時のロンドン市民にとっても，水質汚染問題は身近で大き

な社会問題だったことがわかるでしょう（この点はパリでも同様です）．

わたしたちが下水道として思い浮かべるのは，下水管と下水処理場をあわせたものでしょう．19世紀ロンドンでは，地下への下水管敷設は進みましたが，下水処理場はもっと後になってつくられたのです．確かに，厄介物としてのし尿は地下に送られ，市民の視界に入らなくなりましたが，捨て場としての川がきれいになったわけではないのです．し尿で川をできるだけ汚さないように，現代社会は下水道制度を構築して，莫大な金銭を費やすようになったのです．

3.3 臭いものにふたをする下水道

現代社会は，し尿という厄介物をいかに効率よく処理するのかに多大な労力を費やしてきました．その要が，下水道制度なのです．図9にみられるように，下水道を地下に敷設し，臭くて汚いものをできるだけ素早く都市の外に追い出すために，日本は累計で90兆円を超える金額を使ってきたのです．

その結果，確かに河川の水質は改善されました．たとえば多摩川にアユが戻ってきたことがニュースになったように，ロンドンのテムズ川にサケが戻ってきたことがニュースになったように，下水道は河川の水質改善に貢献してきました[12]．しかし忘れてならないのは，下水道制度を維持するのに多くの費用が費やされており，し尿が商品であった時代には不要であった費用を，私たちは支払っているということなのです．人口減少・低成長時代になったいま，どの程度の規模の下水道が社会にとって必要なのかを再検討する必要があります．

さらに，汚くて臭い物に蓋をするという下水道の本質が，わたしたちの日常から水との関わりを遠ざけているということです．かつて，環境倫理学者の鬼頭秀一は『自然保護を問い直す』のなかで，自然と日常生活が切り離されている社会関係のことを「切り身」の社会関係と呼びました（鬼頭，1996）．魚の切り身から魚全体の姿を想像できないように，切り身の社会関係は知らず知らず

---

[11] ヘンリー・メイヒューは世界的に有名な政治風刺雑誌『パンチ』（*Punch, or The London Charivari*）をつくった1人です．『パンチ』の中には，実にさまざまな環境問題の風刺画が描かれています．風刺画に興味があれば，松村編（1994）などを参照してください．
[12] 多摩川の鮎については『ナショナル・ジオグラフィック日本版』2016年10月号，テムズ川でのサケについては *Times*, September 1, 1983 などに記事が載っています．

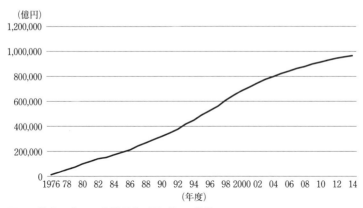

図9 戦後日本の下水道予算（累計）の推移
注：予算は建設デフレータ（下水道）で現在価値化している（2005年度＝100）．
出典：国土交通省水管理・国土保全局下水道部（2015）に基づき筆者作成．

のうちに，わたしたちの自然との関わりを限定しているのです．トイレで水を流すとき，このことに思いを巡らせてみてください．

4. おわりに

本章では，量的側面と質的側面に区別して，水の環境問題の現状と課題について解説してきました．地球は水の惑星と呼ばれ，日本は水の豊かな国であるといわれてきました．清潔な水が豊富にあるからこそ，日本人は水問題に関心を持たず，水と切り身の関係に陥っているように思われます．切り身からは全体像を想像することはできません．ぜひ，川や海にでかけ，水と触れ合ってください．水をめぐる自然と人間との関係を再構築することこそ，21世紀の最大の課題の1つなのです．

文献リスト
伊藤達也・在間正史・富樫幸一・宮野雄一（2003）『水資源政策の失敗——長良川河口堰』成文堂．
NPO日本下水文化研究会屎尿研究分科会編（2003）『トイレ考・屎尿考』技報堂出版．

鬼頭秀一（1996）『自然保護を問い直す——環境倫理とネットワーク』ちくま新書．
国土交通省水管理・国土保全局下水道部（2015）「平成28年度　下水道事業予算の概要」．
小島幸一編（1961）『東京都における屎尿処理の変遷』みやこ出版．
ジャクソン，リー著／寺西のぶ子訳（2016）『不潔都市ロンドン——ヴィクトリア朝の都市浄化大作戦』河出書房新社．
つる詳子（2013）「川辺川ダム中止と荒瀬ダム撤去の現状と課題」『環境と公害』42(3): 9-14.
長良川河口堰検証専門委員会（2011）「報告書」．
日本ダム協会（2016）『ダム年鑑2016』日本ダム協会．
根崎光男（2008）「江戸の下肥流通と屎尿観」『法政大学　人間環境論集』9(1): 1-21.
野田浩二（2015）「河川再生のための水利用制度改革——アメリカ・オレゴン州流水権制度を事例に」『森林科学』75: 14-18.
花咲一男（2008）『江戸厠百姿　新訂版』三樹書房．
松村昌家編（1994）『「パンチ」素描集——19世紀のロンドン』岩波文庫．
『ナショナル・ジオグラフィック日本版』2016年10月号．
『毎日新聞』2018年3月27日．
International Commission on Large Dams（2003）*World Register of Dams*. International Commission on Large Dams.
Klamath River Renewal Carporation（2018）Definite Plan for the Lower Klamath Project.（www.klamathrenewal.org/up-content/uploads/2018/06/LKP-FERC-Definite-Plan.pdf）（最終アクセス2018年10月10日）．
Mayhew, Henry（1967）*London Labor and the London Poor II*. Frank Cass & Co. Ltd.
Times, September 1, 1983.

4章 「水と社会」を捉える NGO の視点
―― メコン河流域を事例に ――

松 本　悟

1. はじめに――水問題と NGO

　水に関わる NGO 活動といったら，皆さんは何を思い浮かべるでしょうか．筆者が 2014 年 5 月 1 日に一橋大学で行った授業で出席者に尋ねてみたところ，「開発途上国に行ってきれいな水を作る活動」「上下水道の整備」「森林を整備してきれいな水が流れるようにする活動」「農業用水の確保」といった意見が出されました．それは言い換えると，水が足りないところに水を引く，汚い水をきれいにする，安全な水を村人たちが使えるようにする……授業で回答した大学生たちは NGO の活動にそうしたイメージを持っていました．

　もちろん，決して間違いではありません．しかし，もう少し具体的に考えてみましょう．例えば，水が足りないところに水を引くということは，ダムで川をせき止めて水を必要な施設や家庭に供給するということでしょうか？　汚い水とは見た目の汚さでしょうか，それとも化学的数値に置き換えられた汚れでしょうか？

　水をめぐる NGO 活動にとって大切なのは，「なぜ」「誰が」「どのように」「誰のために」「いかなる」水を確保するのかという点にあります．そしてもう1つ重要なのは，誰かにとって水を確保することが，別の誰かにどのような影響を及ぼしているかを考えることです．本章では，主に東南アジア最大の国際河川であるメコン河流域[1]をフィールドにした筆者自身の NGO 活動の経験をもとに，こうした視点から水と社会をめぐる問題を捉えていこうと思います．

　その前に NGO について簡単に整理しておきます．Korten（1990）は 5 つの

性質でNGOを定義づけています．第1が非政府性で，これは明確だと思います．第2が自発性です．例えば，ある会社に入ったら必ず労働組合に加入しなければならない場合，必ずしもそれは自発的とは言えません．第3が継続性です．海外で大震災が発生し，衣類などの物資を支援する活動をしたとしても，それは一時的なものであり，NGOやNGO活動とは呼べません．第4はそれとも関連するのですが，組織性です．個人が集まって自由意志で何かをするということに留まらず，NGOには意思決定の仕組みが求められるというわけです．第5の非営利性は，授業で質問すると「利益・収益を得ないこと・追求しないこと」といった答えが学生から返ってくることが多いですが，実際には得た利益を株主，NGOの場合は会員に還元しないことが非営利性です．これに加えて，公共性のある活動を行っていることや，NPO（非営利組織）と区別するために国際的な活動を行っていることなどを定義に含めることもしばしばあります．その一方で，似たような形態の組織を近年では市民社会組織（CSOs）と呼ぶことが増えています．したがって，本章では定義を厳格に当てはめないものの，とりあえずKortenの5つの定義に加え，公共性，国際性，それに市民社会性を持った組織としてNGOを考えていきます．

2. 井戸掘りを捉える視点

　水に関わる具体的なNGO活動としてすぐに頭に浮かぶのは，井戸掘りではないでしょうか．開発途上国の農村部では，日本のように水道の蛇口をひねれば水が出てくるわけではなく，水汲みのために家から遠く離れた川との間を女性が日に何度も往復する姿が，「貧困」や「ジェンダー」をめぐる問題として指摘されています．そうした問題の存在を否定するつもりはないですし，何とかすべきであることは確かです．しかし，その解決策として井戸掘りが本当に適切なのか，あるいはただ井戸を掘ればそれでいいのか，疑問に感じる光景は開発途上国の現場を歩くとしばしば見受けられます．その1つは維持管理がさ

---

1) メコン河流域とは，中国雲南省，ミャンマー，ラオス，タイ，カンボジア，ベトナムの6カ国を指します．

れていない井戸です．ラオスで活動していた当時，国際NGOや国際機関の支援を受けて掘った井戸が崩れて使えなくなったり，水が汚れてそのまま放置されたりしているケースを目にしました．話を聞いた村人によると，井戸掘りを支援してくれたNGOに，今度は修繕への援助を求めているとのことでした．ラオスに限らず，ポンプが壊れたまま部品が手に入らず使われなくなった井戸の話はユニセフなども報告しています．

2つ目は，そもそも井戸という手段が適切かどうかという疑問です．井戸掘りは水不足に苦しむ村で小規模なNGOでも協力できる活動だと思い込んでいた筆者が，ラオスでNGO活動を始めた頃，最初に考えさせられた事例があります（赤阪，1996）．A村の要望を受けて筆者が所属するNGOが井戸掘りを支援した時のことです．活動対象村ではなかった隣のB村は，それを聞きつけて井戸掘り研修に自発的に参加しました．研修後，B村では何本もの井戸が掘られ，その周りに家庭菜園を作って野菜の栽培を始めたのです．

一方，もともと井戸掘りを要望していた活動対象のA村では結局1本の井戸も完成しませんでした．少数民族の村だったため，ラオス政府の中には少数民族は怠け者だからと一蹴する役人もいました．しかし，A村で聞き取り調査をしてみると，その村では少し離れた森の泉から水を汲んでくることを特に問題として感じていないことがわかりました．もちろん，女性たちの仕事であり，重労働ではあるのですが，その水汲みの途中でタケノコなどの林産物を採取したり，話をしたりすることが，いわば社会関係資本のような役割を果たしていました．水は井戸の中ではなく森にある，その重要性を強く感じたのは，A村の村長の行動でした．ラオス政府がA村の森を伐採して軍の施設を作ろうとしたことに対して，村長は銃を持って抵抗し，投獄されたのです．共産党一党支配のラオスには稀有な出来事でした．NGOの援助による井戸は結局1本も掘られませんでしたが，自らの命を賭してでも森を守ろうとしたことから，井戸がこの村にとっては適切な選択肢ではなかったことを痛感させられました．

もう1つの事例は，砒素に汚染された井戸の問題です．2000年代前半に筆者がNGO職員として調査や会議でカンボジアを訪問していた頃，国際NGOや国際機関が支援した井戸が，人体に有毒な砒素に汚染されていることが問題になり始めていました．2009年にユニセフが発表した報告書によると，6つの

州の 1600 村以上で井戸が深刻な砒素汚染に見舞われていました[2]．砒素を継続的に摂取して慢性中毒になると，皮膚の色素沈着や場合によっては皮膚がんや四肢の末端組織が壊疽して切断しなければならない深刻な症状につながります．2000 年代前半は，カンボジアでは井戸の砒素汚染があまり知られていなかったため，村人に砒素中毒の疑いがある症状が出ても，井戸との因果関係が疑われることはほとんどありませんでした．2000 年代半ばになって，ようやく国際機関やカンボジア政府が本格的な調査に乗り出しました．しかし，ここで目を向ける必要があると考えるのは，その後の対策ではなく，カンボジアで砒素問題が深刻化するまでの支援のあり方です．

2008 年 10 月 28 日に NHK の総合テレビで放送された「クローズアップ現代」という番組で，カンボジアの井戸の砒素汚染が取り上げられましたが，汚染された井戸の中には日本の NGO の支援で作られたものがあったと指摘されました．NHK の取材に対して，この NGO は砒素の汚染については全く考えていなかったと答えています．筆者自身，それを他人事として批判することはできません．先に述べたように，1990 年代前半にラオスで井戸掘りの支援をしていましたが，砒素汚染の調査は行っていませんでした．幸い支援した村で砒素問題は生じませんでしたが，ラオスを含むメコン河沿いでは砒素汚染の危険性があることが，今ではわかっています．実は，筆者がラオスで NGO 活動をしていた当時も，すでにバングラデシュでは，かつてユニセフが支援した大量の井戸が砒素に汚染されていることが問題となっていましたが，当時のラオスでは全く知られていませんでした．

今日，日本の大学の授業で，井戸が砒素に汚染されている話をすると学生たちは一様に驚きます．中にはカンボジアでの井戸掘り支援をする NGO 活動に参加した人もいます．砒素の検査をしているかどうかを気に留めたこともなかったと話しています．バングラデシュで井戸の砒素が問題になってから 20 年以上が経過しているのに，井戸掘りに対する一般の人たちの見方はさほど変化していないように思います．なぜでしょうか．2000 年代半ば，井戸ではな

---

[2] https://www.unicef.org/cambodia/As_Mitigation_in_Cambodia_2009.pdf（2017 年 3 月 31 日閲覧）

く雨水や表流水を利用した水供給を支援していたアメリカの NGO の RDI に聞き取り調査をした際，RDI の代表者は NGO が雨水や表流水を「汚い」と捉え，地下から汲み上げる井戸水を何の疑いもなく「きれいで安全」と考えることを批判していました．そこには一種の「神話」があると指摘していました．井戸掘りの「美しい側面」ばかりが，善意とともに広がっていることに目を向ける必要があるのです．

3. 少なすぎる水，多すぎる水

　1964 年に石油大手のシェルが『メコン』という約 30 分のドキュメンタリー・フィルムを製作しました．メコン河流域の豊かな水資源と，それを活用するために設立されたメコン委員会と開発計画を取り上げたものです．製作背景や目的はわかりませんが，この中で熱帯モンスーン気候の東南アジアにおける開発問題は，乾季の「少なすぎる水」と雨季の「多すぎる水」であり，それを左右するメコン河の水を制御することが重要だと説いています．言い換えると，河川を制御するということは，雨季と乾季の水位差を小さくし，年間の流量をできるだけ平準化することとも言えます．

　今から半世紀以上前のいわば開発思想ではありますが，あながち古臭い物語と言い切ることはできません．メコン河の本支流をせき止めて貯水池を作り，乾季の灌漑，雨季の洪水制御，それに発電，海運を実現することで，メコン河流域国であるベトナム，カンボジア，ラオス，タイが発展するという発想は今も残っているからです．

　その典型的な例がメコン河の上流におけるダム開発ですが，それについては後述するとして，まず目を向けるべきはこの「多すぎる水」と「少なすぎる水」という考え方それ自体です．なぜならば，それらは必ずしも「悪」だとは言い切れないからです．確かに，河川の水があふれて洪水になれば，犠牲者が出たり農作物が被害を受けたりすることはあります．NGO の取り組みの中には，水害への備えや復旧・復興支援なども含まれています．しかしその一方で，河川の氾濫や乾季と雨季の水位変動が，人々に利益をもたらすこともあります．

　図 1 の写真は，ラオスを流れるメコン河支流の乾季の様子を写したものです．

図1　ラオスのメコン河河岸
出典：筆者撮影.

　メコン河は中流域では乾季と雨季の水位の差が 10 m 以上あります．この水位差を利用して，減水期には河岸に野菜畑やタバコの栽培が広がります．周辺の住民たちは慣習的に乾季にだけ水面から現れる肥沃な土地を農地として使用してきました．もし乾季に灌漑をするため上流にダムを建設し水を下流に流したらどうなるでしょうか．河岸の畑は水中に沈み，肥沃な農地は姿を消します．灌漑農業が利益をもたらす可能性はありますが，乾季作には農薬や化学肥料などの農業資材の投入が必要になり，借金を背負いながらより資本集約型農業を迫られることになります．失敗するリスクも抱えるわけです．

　「多すぎる水」が熱帯モンスーン地帯にもたらす深刻な問題として洪水を挙げる人が多いと思います．メコン河流域で言えば，カンボジア南東部からベトナム南部にかけてのデルタ地帯で，川の水があふれ大規模な洪水に見舞われます．一見，自明とも思える問題ですが，ベトナムには「洪水とともに生きる」という言葉があります．河川の氾濫に伴う洪水は，被害を及ぼすと同時に恵みももたらすと考える人々が少なくありません．カンボジア国境近くのドンタップ省で聞き取り調査を行った Miller（2003）は，洪水被害に遭いやすい地域には所得の低い層が生活しており，そうした人たちは，洪水が運んでくる沈泥（シルト）がよい収穫をもたらすと考えていると指摘しています．すなわち，

「多すぎる水」を必要悪と考えている人たちが存在しているということです．

河川の水量の平準化は人為的に行わざるをえません．メコン河では1950年代以来，上流にダムを建設して川の水をせき止めて，下流に放水する量を増減させることが計画されてきましたが（堀，1996），そのことが生態系に大きな変化を及ぼすことは明らかです．具体的には流量の変動と堆砂の減少です．メコン河上流のせき止めによって，中流域での乾季の水量が減っているという批判に対しては，必ずしも上流のダムによるものではないという見方が一般的です（例えばLu & Siew, 2006）．その一方で，ダムの運用に伴う流量の不規則な上下変動や，川の流れをせき止めたことによる下流への土砂の供給の減少が，浸食を悪化させていると考えられています（Lu & Siew, 2006）．こうした生態系の変化は，前述した河岸の畑を浸食すると同時に，メコン河流域の農村部に住む人たちにとって欠かせない淡水魚の生息に悪影響を与えるものと危惧されています．

4. 川の水をせき止めることの意味

本章の最初に，水と社会を捉えるNGOの視点として，「誰かにとって水を確保することが，別の誰かにどのような影響を及ぼしているかを考えること」を挙げました．筆者がその重要性を痛感したのは，NGO職員としてラオスで活動している中で，水力発電ダムによる地域社会や環境への深刻な影響を目の当たりにしたからです．発電や灌漑のために河川の水を確保することが，別の人々を苦しめることにつながっていました．

1990年代前半，カンボジアの内戦が終結し，メコン河流域国に平和が訪れました．その結果，長い戦火の中で途絶えていた大規模な水資源開発計画が息を吹き返してきたのです．その先陣を切ったのがタイ東北部のパクムンダムの建設でした．世界最大の開発金融機関である世界銀行の融資で1994年に完成した136MWのこのダムは，メコン河支流のムン川下流の生活を大きく変化させました．特に，河川での捕獲漁業に依存していた人たちの生計手段を奪ったため，多くの住民が住みなれた土地を離れざるをえませんでした．ダムの被害者たちは，土地や天然資源への権利を訴える農民らとともに貧民連合（サマッ

チャー・コンチョン)を結成し、ダムの撤去を訴えて15年以上に及ぶ激しい抗議運動を展開しました.

20年以上前にパクムンダムが引き起こした問題は、その後のメコン河流域のダム開発に対するNGOの活動につながったと考えてもいいでしょう. この地域でダムを建設すると住民生活にどのような影響を及ぼすか、パクムンダムで起きたのと同じような問題が指摘され、しかも繰り返されているからです.
表1は、パクムンダムの事前調査と実際の結果を比較したものです.「事前調査」は、計画段階で事業者側が実施した環境影響評価 (EIA) をもとにしたもの、「実際の結果」はダム完成から5年以上が経過した段階で行われた世界ダム委員会[3]の事例研究に基づいたものです. これをみると、便益のはずの発電量に関しても疑問が生じますが、それ以上に、自然生態系と人々の暮らしが密接につながっている地域社会への影響がいかに深刻で、かつ事前の予測が適切ではないかが読み取れます. 事前調査が適切でなければ、悪影響を過小評価したまま事業実施の意思決定をすることになりますし、影響緩和策や補償の効果やそれらの対策に必要な予算も、誤って推測することになりかねません.

こうした問題は、パクムンダムに限ったことではありません. 筆者がNGO活動をしていたラオスの農村部でも、90年代から水力発電ダム計画が進められていました. 国際機関のアジア開発銀行 (ADB) が支援をして建設された当時のラオス最大のダムは、発電後の水を別の川に流す設計でした. それによって増水する川沿いの村では、ダム計画の前から洪水で農地が水に浸かり米不足となっていたため、筆者が所属するNGOが米の共済制度を支援していました. 洪水被害を引き起こした川にダムから新たな水が流されることで、被害の深刻化が懸念されました (松本, 1997).

また、ラオス中部の別の村では、水源であり、かつ半自給的な村の暮らしに欠かせない林産資源を供給している共有林を、村人主体で保護・管理する活動を支援していましたが、ダムによって共有林も水田も貯水池に水没することに

---

[3] 世界ダム委員会 (WCD) は、世界的なダム批判の中で1998年に世界銀行と国際自然保護連合 (IUCN) が設置したもので、2年半にわたる調査と公聴会を経て最終報告書を発表しました. パクムンダムは事例研究として取り上げられました.

表1 パクムンダムの事前影響予測と結果

	環境影響評価（EIA）	世界ダム委員会事例研究
発　電	最大136MW，年平均290GWh	1995-98年平均20.81MW
貯水池漁業	稚魚放流なしで100 kg/ha/年，放流すれば220 kg/ha/年	現実的な推計は10 kg/ha/年
住民移転	241世帯，漁業被害考慮せず	1700世帯＋6202世帯が建設中の漁業補償対象者
多様性	特に触れず	ダム完成前の調査では265の魚種確認→上流で96種に（複合影響）
魚　道	魚道の必要性	建設された魚道はムン川の魚に不適
早　瀬	検討されず	50の早瀬が水没。魚への影響大
漁業補償	検討されず	2000年3月現在4億8850万バーツ．しかし建設中の3年分のみ
意思決定	検討されず	地域を賛否に分断するやり方を批判．被影響住民との協議不足
川岸環境	検討されず	川岸の共有林や自然林を失う．自給食料に影響

出典：World Commission on Dams (2000) をもとに筆者作成．

なったのです．水没予定地で生計を営んでいた数千の人々は用意された移転地に移り住まざるをえませんが，新たな生計手段はそれまでの半自給的なものとは大きく異なり，現金収入に依存する生活に転換することを余儀なくされました（松本，1997）．

　パクムンダムの際と同様に，自然生態系と切り離されることで深刻な影響が懸念されていたにもかかわらず，これらのダムでも，事前の調査では生活への影響が過小評価される半面，対策の効果が過大評価されていたため，完成後同じ問題を繰り返す結果となったのです．NGOが支援する村人主導の小さな活動など，大きな開発事業によって簡単に消し去られてしまうのです．

5. Do No Harm と Do More Good

　ここまで述べてきたような，メコン河流域で生じている水と社会に関わる様々な問題に対して，NGOはどのように向き合ってきたのでしょうか．冒頭の大学生の反応にあったような，きれいで安全な水を生活や農業のために供給することがNGOの活動の1つの目的であることは確かです．その一方で，本

章で取り上げた事例が示しているのは，水資源を開発することが，それまで村人たちが得られていた水の恵みを奪ってしまう危険性です．

NGO の活動というと，困っている人たちに対して，より良いことを行うこと＝Do More Good を思い浮かべる人が多いでしょう．確かにそうした活動は意義があり，困っている人たちの助けになることも少なくありません．しかし，本章で挙げたような問題に対してはもう1つ別のアプローチ，すなわち害になることを行わないこと＝Do No Harm が不可欠です．井戸掘りのような小規模な活動から，巨大な水力発電用ダムの建設に至るまで，水資源の開発が，それを利用している人たちの生活を壊さないようにすることも，水と社会に関わる NGO が現場で行っている活動なのです．そのいくつかの例を，筆者のメコン河流域での活動経験から挙げ，意義と課題を考えていきます．

メコン河流域の水資源開発が被害を起こさないようにすること（＝Do No Harm）を目指して NGO が行っている活動はアドボカシーと呼ばれます．アドボカシーを「政策提言」と訳すことが多いですが，もともとの意味は，誰かのために申し立てをする行為を指します．したがって，ここでは水資源開発によって被害を受ける人たちの代わりに，問題や解決策を申し立てる NGO による活動という意味で使います．

アドボカシーには主として3つの活動形態があると考えられます．第1に被害が起きる可能性がある，もしくは実際に起きた問題を社会に向けて示すための調査活動です．第2に，そうした調査をなるべく「よそ者」ではなく，影響を受ける地域の事情に詳しい当事者が行えるようにするためのキャパシティ・ビルディング（能力向上）です．第3に，メコン河流域が6カ国にわたっているため，調査した結果やデータを共有し，問題となっている事業に投資をしている企業や開発資金を提供している国際機関などに共同で働きかけをするネットワーク作りがあります．こうした活動はバラバラに行われているわけではなく，相互に有機的なつながりを持っています．

6. 調査と能力向上——カンボジアを事例に

具体的な例として，カンボジア北東部のセサン川沿いでの活動を紹介します．

4章 「水と社会」を捉える NGO の視点

2000年代前半に起きたことではありますが，NGO のアドボカシー活動の特徴を表しており，その戦略やアプローチは現在でも大きくは変わっていません．

セサン川はメコン河最大の支流の1つで，ベトナム中央高原からカンボジア北東部を流れて，スレポック川やセコン川と合流してカンボジア北部でメコン河に注ぎます．メコン河本流だけをみると，ベトナムは最下流の国ですが，このセサン川についてはベトナムが上流国，カンボジアが下流国になっています．

2000年3月に，セサン川のベトナム国内に建設された水力発電ダムからの放水によって，下流のカンボジア北東部のラタナキリ県で3人が溺死し，多くの農地が水に浸かったという報道が AFP 通信によって配信されました．それを受けて，翌月には同県で活動していた NGO と県が協力して被害の実態調査を始めました．調査対象地の4郡59村には9つの少数民族が暮らしているため，NGO はそれぞれの言語を話せる調査者12人にやや専門的な調査手法の研修を行い1カ月間の調査を行いました．その結果，上流のダムからの放水が疑われる不自然な洪水で少なくとも32人が犠牲になっていること，生計手段や健康に深刻な悪影響を受けている人たちはラタナキリ県内で約2万人にのぼることなどが明らかになりました（松本，2003）．この調査結果をもとに，カンボジアだけでなくメコン河流域の水資源開発に懸念を持つ国内外の NGO が声を上げ，流域の水利用の調整を担う国際機関のメコン河委員会（MRC）を通して，ベトナム政府に対応を求めました．その結果，ベトナムとカンボジアの政府間で，ダムからの放水に関する情報共有のルールや，影響緩和策を講じるための調査の必要性について合意されました．

しかし，実際には情報共有や影響緩和調査は実施されず，約束は反故にされてしまいました．それだけでなく，セサン川のベトナム国内には次々と新しいダムが建設されていったのです．そこで2006年2月に，当時筆者が代表を務めていた NGO とカンボジアの NGO，それに日本の国立環境研究所の専門家が合同で短期間の追加調査を行いました．その結果，異常な水位変動が河川の生態系を変化させ魚の減少につながっている可能性や，毒性の藻の発生が皮膚病につながっている可能性が示されました．追加調査は短期間のサンプリング調査だったため，政府や国際機関を動かすには継続的に水位変動と水質をモニタリングすることが必要でした．しかし，残念ながら，このモニタリング活動

は実現しませんでした．NGOも研究機関も必要な予算を獲得できなかったことが大きな原因でした．そもそも，電気も調査施設もない村々で水位の測定，水の採取・保管，採取した水の首都の研究所までの移送を行うには，相当な資金が必要です．

NGOが現地の住民組織などの協力を得ながら行う調査活動は，Do No Harmの点から極めて有効であり，今もさまざまな開発プロジェクトに対して行われています．例えば，民主化が進むミャンマーでは，海外からの直接投資や開発資金が大量に流入する一方で，開発プロジェクトによる自然環境や住民生活への悪影響が懸念されています．その1つ，南部の石炭火力発電所建設をめぐって，負の影響を懸念する沿岸部の漁村をタイのNGOが支援し，石炭火力発電所による漁業を含む生計手段への影響を村人自身が調査できるようなトレーニングを行いました．調査結果は2016年3月に公表され，多くのメディアが取り上げるなど，大きな社会問題に発展しました．

NGOが支援するこうした「コミュニティ主導型調査」は，事業を推進する側の調査が切り取る現実やその意味付けに対して，影響を受ける側の視点から異なる現実の切り取り方と意味を示しています．見方を変えれば，開発プロジェクトによって影響を受ける人たちは，これまで一方的に「調査される側」でしたが，NGOによるトレーニングなどを経て，当事者である村人自身が「調査する側」になり始めているのです．半面，社会に強い影響を与えられるだけの丁寧な調査を，何回も，何年も繰り返し実施することは資金的にも時間的にも困難です．したがって，アドボカシーの3つの活動形態の最後に挙げたネットワーク作りと投資企業や開発機関への働きかけが重要になります．

7．ネットワーク作りと働きかけ

2009年，メコン河本流のダム計画が本格化したため，魚の回遊や食料安全保障，生計手段への悪影響を懸念する流域内外のNGOが緩やかなネットワークとしてセーブ・ザ・メコン連合を結成しました．現在のメンバー団体は表2の通りで，流域国が12団体，流域国外が14団体です．流域国のうち，ダム開発が最も進められているラオスだけメンバー団体がありません．筆者がラオス

表2　セーブ・ザ・メコン連合メンバー

メコン河流域国
Rivers Coalition in Cambodia(カンボジア)，Center for Water Resources Conservation and Development(ベトナム)，PanNature(ベトナム)，Burma Rivers Network(ミャンマー)，Salween Watch(タイ，ミャンマー)，Towards Ecological Recovery and Regional Alliance(タイ)，Living Rivers Siam(タイ)，Thai People's Network for Mekong(タイ)，Palang Thai(タイ)，Focus on the Global South(タイ)，China Development Brief(中国)，Green Earth Volunteers(中国)
メコン河流域国外
TEAR Australia(オーストラリア)，OXFAM Australia(オーストラリア)，Manna Gum(オーストラリア)，Mekong Monitor Tasmania(オーストラリア)，International Rivers(アメリカ)，EarthRights International(アメリカ)，The Mangrove Action Project(アメリカ)，Bank Information Center(アメリカ)，Probe International(カナダ)，Mekong Watch(日本)，Both ENDS(オランダ)，World Rainforest Movement(ウルグアイ)，The Corner House(イギリス)，Association for International Water Studies(ノルウェー)

出典：https://savethemekong.org/links/ をもとに筆者作成（2017年4月9日閲覧）.

　でNGO活動をしていた1990年代前半には，Rivers Groupという複数のNGOが参加するネットワークがありましたが，今日では市民社会の運動の締め付けが厳しいためか（渋谷, 2015），表立って国際的なネットワークに名を連ねる団体はありません．しかし，実際は表2に挙げた団体がラオスで調査活動を行うなどして，問題の把握や，政府への働きかけを行っています．

　セーブ・ザ・メコン連合は個々の団体が行った調査結果の共有や，それぞれの国・言語での情報発信，また問題が生じた際には政府・国際機関への要請文を共同提出するなど，いわば点の活動を線や面に広げていく役割を担っています．こうしたネットワークは，筆者が知る限り1990年代半ばからすでにあり，筆者自身，20年以上前から表2に記されたNGOのうち半分近い団体とメコン河の水資源開発に対するモニタリング・アドボカシー活動を一緒に行ってきました．それが，近年のICT技術の発達と，NGOの広報手段の変化に伴って，インターネットやSNS上に存在する市民社会ネットワークとして現れたといえます．

　とは言っても，あくまでその役割は情報の発信と共有が中心です．問題となる事業への投資や融資を進める企業や開発機関に影響を及ぼすには十分とは言えないでしょう．実際には，こうしたNGOが住民組織，村人，研究者，政府関係者の協力を得ながら，メコン河流域の水資源開発が人々の今の生活を良く

できないまでも，それを奪わないようにするために活動をしています．筆者自身，長年NGOの一員として，世界銀行やADBなどの国際機関，日本の援助機関であるJICA（国際協力機構）や外務省へ事業の見直しや政策の改善など具体的な働きかけを続けてきました．未解決の問題は多く残されていますが，結果的に中止された事業や改善された事業・政策が少なくないのも事実です．

8. 水と社会をみる複眼的な視点

　本章は，メコン河流域の水資源開発を事例に，NGO活動を通して「水と社会」を捉える視点を考えてきました．そこから言えることは，ステレオタイプを脱して複眼的な思考をすることの重要性です．水は，飲み水として，農業用水として，私たちの命を支えています．しかし，その機能は実に多様です．特に川の水は電気を生み，土砂を運び，浸食を起こし，魚や水生生物の棲み処となります．しかも，それぞれの用途の優先度が人によって異なるだけでなく，用途同士が互いに因果関係でつながりやすいため，両立が難しく，費用と便益の分配は不公平になりやすいのです．

　そうした「水問題」に向き合うNGOは，きれいで安全な水を提供することに留まらず，水が持つさまざまな機能の間に横たわる因果関係に目を向け，負の影響を受ける人たちとともに調査をし，その結果をもとに特定に水資源開発を志向するアクターに働きかけを行っています．しばしばそうした活動を「反ダム」「反開発」などと呼ぶ人がいますが，そのような単純化したレッテルで表したのでは，水と社会のつながりを複眼的に捉えることはできません．水資源開発をめぐって生じるこうした対立は，私たちに個別の学問分野を超えて水と社会の関係を考え直す機会を与えてくれているのです．

文献リスト

赤阪むつみ（1996）『自分たちの未来は自分たちで決めたい』日本国際ボランティアセンター．

渋谷淳一（2015）「メコン地域における越境的な開発・環境問題と地域アイデンティティ」『大原社会問題研究所雑誌』679: 49-64.

堀博(1996)『メコン河——開発と環境』古今書院.
松本悟(1997)『メコン河開発』築地書館.
松本悟(2003)「メコン地域——地域全体の市民社会の声を反映する仕組みを」日本環境会議他編『アジア環境白書2003/04』東洋経済新報社,第II部第2章.
Korten, D.(1990)*Getting to the 21st Century: Voluntary Action and the Global Agenda*. Kumarian Pr Inc.(渡辺龍也訳(1995)『NGOとボランティアの21世紀』学陽書房).
Lu, X. X. and Siew, R. Y.(2006)"Water discharge and sediment flux changes over the past decades in the Lower Mekong River: Possible impacts of the Chinese dams", *Hydrology and Earth System Sciences*, 10: 181-195.
Miller, F.(2003)Society-Water Relations in the Mekong Delta: A political ecology of risk, PhD Thesis, University of Sydney.
Save the Mekong Coalition 公式サイト内リンクページ(https://savethemekong.org/links/)(2017年4月9日閲覧).
United Nations Children's fund(UNICEF:ユニセフ)(2009)Arsenic in Cambodia (https://www.unicef.org/cambodia/As_Mitigation_in_Cambodia_2009.pdf)(2017年3月31日閲覧).
World Commission on Dams(2000)Case Study Pak Mun Dam Mekong River Basin Thailand. November, 2000.

第 III 部　水の社会システムとビジネス

5章　日本企業による
　　　今後の水ビジネスの国際展開

加藤　直子

1. はじめに

　世界の水ビジネス市場の規模は2015年で84兆円とも言われ，今後も益々伸びていくと予想されています．世界の水需要が旺盛であるということは，このようなニーズを満たし，水に関するさまざまな課題解決に日本企業がその技術や経験を活かすチャンスが大いにあることを意味しますが，これまで日本企業の水ビジネスの国際展開が十分な成果を上げてきたかと言えば，そうとも言い切れないのが現状です．そこで，本章では，日本の水ビジネスの国際展開の現状と課題，向かうべき方向性を整理し，また政府の支援について紹介します．

2. 日本の水ビジネスの国際展開の現状と課題

2.1 水ビジネス市場の現状

水ビジネスの市場規模

　水ビジネスの市場は，上水に関わる分野（淡水化を含む），下水に関わる分野，産業用水・排水に関わる分野に分けられますが，*Global Water Market 2017* によれば，2015年時点でこれら分野の施設整備で約30兆円，事業運営で約54兆円，合計約84兆円の市場規模があるとされています．施設整備とは，浄水場，海水淡水化プラント，下水処理場等の建設や管網等の敷設を指し，ここでいう事業運営には，整備された施設等の運転・維持管理（いわゆるオペレーション・

市場の規模（2015年）

業務分野 事業分野	施設整備	事業運営	分野別計	事業分野別シェア
世界市場計	29兆8,441億円 35.7%	53兆7,753億円 64.3%	83兆6,195億円 100.0%	100.0%
上　水	12兆6,036億円 34.9%	23兆4,760億円 65.1%	36兆0,796億円 100.0%	43.1%
海水淡水化	3,260億円 ―	―	3,260億円 ―	0.4% (0.9%)
下　水	14兆8,874億円 47.0%	16兆8,031億円 53.0%	31兆6,906億円 100.0%	37.9%
産業用水・排水	2兆4,329億円 15.3%	13兆4,961億円 84.7%	15兆9,290億円 100.0%	19.0%

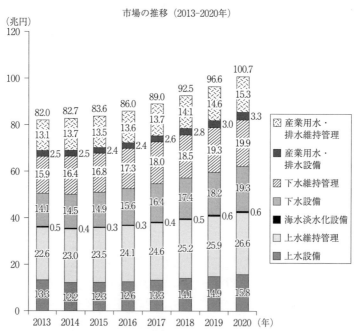

図1　世界の水ビジネス市場の規模
注：円数値は，1ドル＝120円で換算．
出典：Global Water Intelligence（2016）より経済産業省作成．

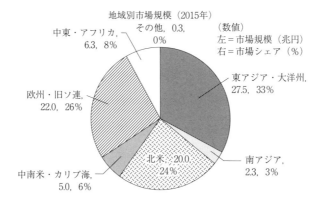

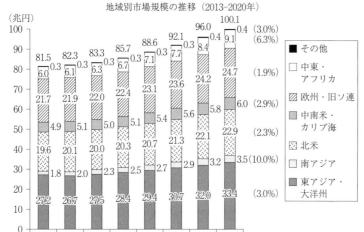

図2 地域別に見た世界の水ビジネス市場の規模
注：円数値は1ドル＝120円として経済産業省にて試算．棒グラフの数値は，各地域毎に四捨五入を行ったため，各年の積み上げの数値が合計値と一致していない場合がある．
出典：Global Water Intelligence（2016）より経済産業省作成．

アンド・メンテナンス，以下「O&M」と言う）と，水処理や水供給の対価を得ていく事業そのものが含まれています．水市場の規模は年々拡大すると予想されており，2020年には100兆円規模に成長すると見られています．（図1）

これを地域別に見ると，東アジア・大洋州が27.5兆円と市場全体の33%を

占め，最も大きな市場となっています．次いで欧州・旧ソ連諸国の22兆円，同26%，北米の20兆円，同24%と，これら3地域で市場全体の8割以上を占めます．一方で，2013～20年の年平均成長率で見ると，南アジアが10.0%と最も高く，次いで中東・アフリカの6.3%と，水源に乏しい地域や上下水道インフラ整備が比較的遅れている地域で高い伸びが見込まれています（図2）．

水ビジネス市場の構造と特徴

では，水ビジネス市場とは具体的にどのような市場でしょうか．図3は，水ビジネスの市場構造をモデル的に表したものです．例えば浄水場を整備・運営するというプロジェクトの場合，まずはどこにどのような仕様の施設を整備するか，予算はいくら必要となるか，施設を整備した後のO&Mはどのように行うか等，当該施設にかかるさまざまな計画を策定し，これに基づいて施設整備の入札を行うプロセスが必要となります（コンサルティング／計画設計段階）．その次に，施設整備を事業者から受注したコントラクターが，事業者の提示する条件を満たした施設の詳細を設計し，当該施設整備のために必要な素材・製品を調達し，設備の建設・施工を行うことになります（EPC段階＝Engineering, Procurement, Construction）．この段階には，EPC全体を取りまとめるいわゆるプライムコントラクターの他に，例えばポンプ，水処理機械，膜，電機系統などのさまざまな素材・製品のメーカーや，建設工事を下請けして担う土木業者など，さまざまなプレーヤーが関わることになります．施設が整備されると，この施設を長期にわたって運転し，必要に応じてメンテナンスしていく（O&M）段階となります．そして，このような各段階の全体を発注者側として監督し実施していくのが，水事業を経営するいわゆる水事業者となります．O&Mは水事業者自らが行う場合もありますし，水事業者がO&Mを行う事業者に委託するケースもあります．水事業者は多くの場合各国の自治体（例えば日本では東京都水道局，横浜市水道局など）ですが，水事業が民営化され事業そのものを民間事業者が担っているケースもあります．例えばフランスでは，1853年にリヨン市が水道事業を民間事業者に担わせたのをはじめ，民営化の歴史が長く，ヴェオリア，スエズといった民間企業が，長らく事業運営を担っています．

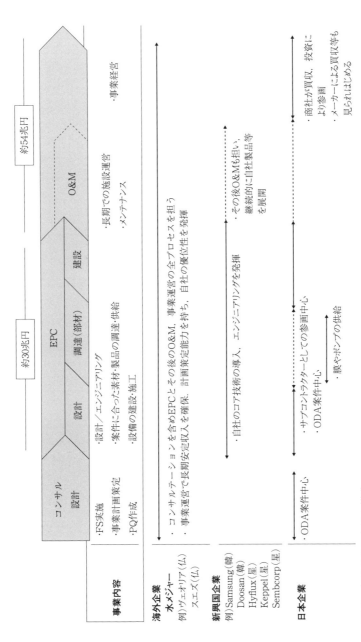

図3 水ビジネス市場の構造
注：数値は2015年の市場規模。
出典：Global Water Intelligence (2016).

表1 水ビジネスの入札案件の構成

		建 設 （リプレース，増設等を含む）	運営	一貫したサービス提供を 求める入札案件割合（%）
合 計		728	463	63.6
アジア大洋州		263	226	86.0
	アジア	250	224	89.6
	ASEAN	60	52	86.7
	中央アジア	6	6	100.0
	南西アジア	152	146	96.1
	その他アジア	32	20	62.5
	大洋州	13	2	15.4
北 米		147	31	21.1
中南米		56	26	46.4
欧 州		35	33	94.3
中 東		136	101	74.3
	うち海淡	66	41	62.1
アフリカ		91	46	50.5

注：世界市場において，計画・入札されている水プラント（処理量1万トン以上）案件数．
出典：2016年9月14日現在のGlobal Water Intelligence社データベースより，経済産業省作成．

　こうしたビジネス構造において，実際の発注ではプラントのEPCのみが発注（入札）されるだけでなく，EPCからO&Mまでの一貫したサービス提供を求める発注（入札）が多くなっており，こうした発注は水ビジネス市場の特徴的な点として挙げられます．表1は，Global Water Intelligence社のデータベースから，2016年9月時点で計画段階または入札段階にある世界の水関連プラント（処理量1万t/日以上）建設案件のうち，その後のO&Mまで求める案件が何件あるかを調べたものです．地域によりばらつきは見られますが，とくにアジア大洋州地域では全体の86%，世界全体でも6割以上がO&Mまでの一貫したサービス提供を求める案件となっていることがわかります．よって，水ビジネス市場に参入するには，こうした案件に対応していくことが不可欠となります．

2.2 日本の水ビジネスの現状と課題

　前項で見たように，今後も有望と見られる水ビジネスの市場ですが，日本企業による海外水ビジネスの展開がどうかと言えば，これまでのところ小規模なものにとどまっているのが現状です．2013 年度時点では，海外市場における日本企業の占有率は，海水淡水化分野で最も高く 4.6％，上水で 0.1％，下水で 0.0％，産業用水・排水で 0.6％，であり，全体では僅か 0.4％にとどまっています．地域別に見ても，東南アジアで最も高く 1.2％，続いて中東で 1.0％，欧州や北米ではそれぞれ 0.2％，0.1％と見られています[1]．これは日本が ODA（政府開発援助）として資金を供与している円借款であっても例外ではなく，過去 5 年間の 10 億円以上の円借款供与案件 92 件のうち，日本企業が受注者に含まれるものは 8 件となっています[2]．

　このように海外における日本の水ビジネスが低調なものにとどまっている要因にはさまざまなことが考えられますが，まず，これまで国内の水事業は自治体が事業者として担ってきたため，日本企業は機器供給を含む EPC 段階以外に，案件の計画策定や O&M にも関与して他国企業と差別化するだけのノウハウや企業体制を持ってこなかったという点が挙げられます．図 3 にあるとおり，海外企業と比較して，日本企業が関与する海外水ビジネスの範囲は限定的なものにとどまっています．例えば水メジャーと言われる海外の主要な水ビジネス企業は，計画策定のコンサルテーション，EPC とその後の O&M，事業運営を含めて全プロセスを担うことができ，自社の計画策定，EPC，O&M を組み合わせて最適なサービス提案を行ったり，水事業運営により長期間にわたる安定的な収入を確保しつつ，短期的な利益が見込める EPC 事業のリスクを取っていくといったことができる体制になっています．これに対して日本企業は，膜やポンプ等の部材・機器の世界市場で大きなシェアを確保する企業が一部にあるものの，計画策定，EPC，O&M そして事業運営の各段階を横断してビジネ

---

1) 「水ビジネス市場に関する動向調査」および Global Water Intelligence (2016) より経済産業省にて試算．
2) 「国際協力機構年次報告書」(2011〜2015 各年版) より経済産業省にて試算．

ス展開した実績は少なく，一貫したサービス提供が求められる海外水ビジネス市場で存在感を発揮できていないのが現状です．これには，上記のような国内市場の歴史的な成り立ちに加えて，とくに上下水道の施設整備について，土木工事の分量や汎用技術を用いる部分が中心であるという点が大きく影響していると考えられます．汎用技術で足りるということは，技術・品質による差別化ではなく，決まったものをいかに安く作れるか，つまり価格で勝負が決まることを意味し，資材調達等において規模の経済を働かせるとともに安価な労働力を投入できる企業が有利ということになります．従来のヨーロッパの水メジャーに加えて，近年韓国やシンガポールなどの新興国においては大規模に水ビジネスのEPC・O&Mを世界展開する企業が育ってきていますが，価格勝負に陥ってしまう市場では，日本からは広く活躍するプレーヤーがなかなか出てこないと考えられます．

　加えて，本来的には技術優位性が発揮できるような分野であっても，より相手国のニーズにマッチした形での技術・サービスの提供が不十分であった可能性も考えられます．例えば，日本企業の製造する水道管は耐久性に優れ品質がよいものとされていますが，導入する側にとっては，管そのものに加えて管網計画のノウハウや施工・工事のノウハウも合わせて提案されてはじめて，事業全体として評価できると考えられます．また，もともと日本企業が技術的に優位性を持っていたと言われる海水淡水化プラントの分野でも汎用化が進んでおり，技術を必要とする分野としてはより省エネ型・省コスト型にシフトするニーズが高まってきています．

　他方このような中で，商社が投資ビジネスとして海外水事業運営に参入することに加え，水ビジネスに関わるメーカーが，海外のEPC・O&M事業会社を買収したり，水事業運営そのものに参画する等，事業範囲を拡大するような新たな動きも一部に見られ始めています．例えば日立製作所は，2010年にモルディブ政府による海外からの出資募集に応えて，マレ上下水道株式会社の株式を20%取得．経営に参画し，上下水道運営の合理化を推進しています．東芝は2014年に，インドや北米，中米等で水処理分野のEPCやO&Mを手がけるインドのUEM社の株式を26%取得．2015年に株式を追加取得して連結化し，2020年度の水処理ビジネスにおける海外売上比率20%を目指すとしています．

表2　技術優位のある分野・市場の明確化の例

分　野	具体的技術	対象地域
上　水	漏水管理	先進国
下　水	汚泥焼却	環境問題・エネルギー問題のある国
	(長距離)推進工法	都市部
	再生水	水源の乏しい国
産業用水	超純水造水	ハイテク工業団地
産業用排水	再生水	水源の乏しい地域の工業団地
海水淡水化	大規模かつ省エネ・省コストの造水プラント	水源の乏しい国や水不足を抱える国・高所得国

　また三菱重工，三菱商事はJBIC（株式会社国際協力銀行）と，2014年に中東，北アフリカ，中国でEPCやO&Mを手がけるドバイの総合水事業会社（メティート社）の普通株式を約4割取得し，これら地域への足がかりにしようとしています．

　今後の日本の水ビジネスの国際展開を考える際には，汎用技術で足りる分野も多い中で，いかに価格勝負に陥らない水ビジネス市場を明確化し，需要を開拓しながら入っていくか，またその際に，ニーズに合わせたパッケージ化やサービス提供ができる体制を作ることが課題になると考えられます．

3.　日本の水ビジネスの今後の海外展開の方向性

3.1　価格勝負に陥らない市場の明確化・需要開拓

　では，前節で課題として挙げた，単純な価格勝負によらない市場の明確化，需要の開拓とは，具体的にどのようなことでしょうか．

　第1には，より技術で差別化できる市場を狙ってビジネスを展開するということがあります．表2は一例ですが，例えば上水・産業用水の分野で言えば，ICTを用いたより効率的な給水マネージメントや漏水管理，オゾン処理や超純水造水などのより高度な水処理を必要とする領域において，日本企業が強みを有する機器・技術の導入やサービス提供の余地があるものと考えられます．下水・産業排水の分野では，単に下水を処理して放流できる程度の水質にする

というだけではなく，下水からの再生水利用や汚泥焼却による汚泥の減容化や資源化など，下水処理プラスアルファの付加価値を提供する分野で，日本の機器，エンジニアリング技術，運転管理のO&Mノウハウが売りになるものと考えられます．また海水淡水化の分野では，現在，省エネ・省コストかつ大規模に造水するためのさまざまな技術の商用化に向けて，日本企業により開発が進められているところですが，これらの技術が確立されれば，これに必要な部材・機器，エンジニアリング技術，運転・保守のノウハウが日本企業の差別化要因になることが期待されます．このように価格に加えて技術の有無が重要になる分野で，そのような技術を欲する地理的市場を見極め，積極的に売り込むことで需要を創出するといった姿勢が重要になります．

　価格勝負に陥らない需要を開拓するための2つ目の視点として，汎用技術の市場を獲得した上でより高度な技術を要する市場にビジネスを拡大していくという，中長期の戦略的アプローチも重要と考えられます．表2で見たような差別化要因となる技術を現時点では必ずしも必要としていなくても，発展途上の国・都市は，将来的により高い技術を必要とすると考えられ，またその発展スピードは先進国が経験したよりもかなり速いものであると予想されます．例えば，急速に都市人口が増え複合的な都市問題が顕在化してくる東南アジアでは，まだ低い普及率にとどまっている下水処理のニーズに加えて，汚泥の処理ニーズや施設のコンパクト化のニーズが出てくることが明らかです．そこで，自社が強みを有する技術の近い将来の導入につながる可能性のある水事業の運営に，現地企業等と組んで積極的に参入し，発展段階に合わせて技術で勝負できる需要創出を図るといったアプローチが考えられます．この意味で，ローカル市場への参入，事業規模および水ビジネス市場における業務範囲の拡大の観点からも，M&Aや連携等の企業の体制構築に向けた戦略が不可欠と言えます．

　価格勝負に陥らない需要を開拓するための3つ目の視点として，4節で詳しく述べますが，インフラを導入する相手国・自治体に，価格のみではなく質を評価することの大切さを普及，啓発していくことも重要です．安かろう・悪かろうのインフラではなく，質のよいものを導入し，さらにそれらを適切に運営・維持管理していくことが，結果的には当該国・自治体のためにもなることを理解してもらうことが，日本企業の参入機会を増やすことにもつながります．

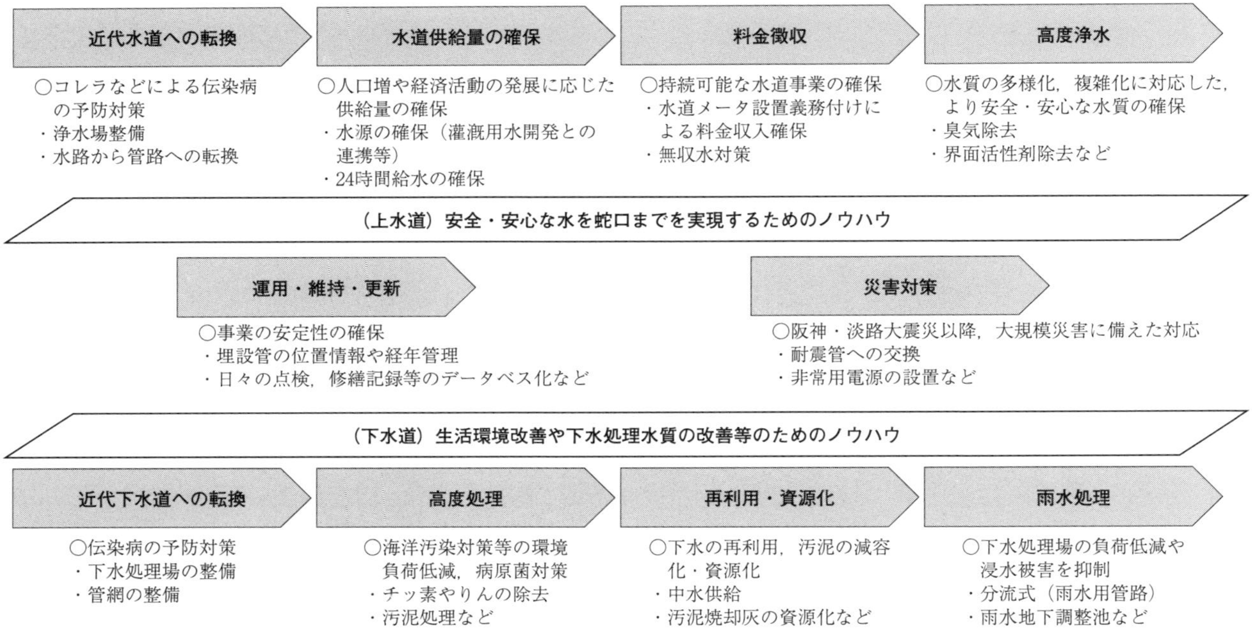

（上水道）安全・安心な水を蛇口まで実現するためのノウハウ

近代水道への転換
○コレラなどによる伝染病の予防対策
・浄水場整備
・水路から管路への転換

水道供給量の確保
○人口増や経済活動の発展に応じた供給量の確保
・水源の確保（灌漑用水開発との連携等）
・24時間給水の確保

料金徴収
○持続可能な水道事業の確保
・水道メータ設置義務付けによる料金収入確保
・無収水対策

高度浄水
○水質の多様化、複雑化に対応した、より安全・安心な水質の確保
・臭気除去
・界面活性剤除去など

運用・維持・更新
○事業の安定性の確保
・埋設管の位置情報や経年管理
・日々の点検、修繕記録等のデータベース化など

災害対策
○阪神・淡路大震災以降、大規模災害に備えた対応
・耐震管への交換
・非常用電源の設置など

（下水道）生活環境改善や下水処理水質の改善等のためのノウハウ

近代下水道への転換
○伝染病の予防対策
・下水処理場の整備
・管網の整備

高度処理
○海洋汚染対策等の環境負荷低減、病原菌対策
・チッ素やりんの除去
・汚泥処理など

再利用・資源化
○下水の再利用、汚泥の減容化・資源化
・中水供給
・汚泥焼却灰の資源化など

雨水処理
○下水処理場の負荷低減や雨水被害を抑制
・分流式（雨水用管路）
・雨水地下調整池など

図4 自治体の水処理ノウハウの例

3.2 体制構築と自治体の役割

　価格勝負に陥らない水ビジネス市場への参入に際しては，ニーズに合わせたパッケージ化やサービス提供をしていくことが重要です．例えばICTを用いた漏水管理では，ICT機器・システムそのものを売るだけではなく，それを用いた管理ノウハウそのものをサービスとして提供することが必要となります．下水分野についても，急速な都市化に伴うさまざまな問題に対して，省スペースの下水処理場と推進工法等による都市機能を止めない管路工事，汚泥焼却による汚泥の資源化と熱利用など，さまざまな課題解決手法を組み合わせて，資機材のみではなく課題解決ノウハウとしてパッケージ提案できるかが鍵となります．

　このために企業としては，すでに2節2項で触れたような動きがあるとおり，ローカル企業等を買収，連携するなどして提供できるサービスの幅を広げたり，より現地の事情に合わせたサービス提供の体制を構築することが不可欠です．価格勝負に陥らない市場においても，常にできる限りの低コスト化が求められることは当然であり，この観点からも企業の規模や事業範囲の拡大戦略は必要であると考えられます．

　さらに，水ビジネス市場でより現地ニーズに合わせた提案をしていくための日本企業による体制構築という意味で鍵になると考えられるのは，日本の地方自治体の役割です．日本でも近年では上下水道サービス等事業の民間委託の動きが出てきていますが，これまで長きにわたり自治体が事業運営を担ってきました．このため，近代水道・下水道の整備からより高度な処理，災害対策等に至るまで，上下水それぞれの発展段階に応じたさまざまな課題に対処するノウハウや，水事業全体を計画するノウハウは自治体のみが持っていると言っても過言ではありません（図4参照）．一企業が自社技術を単独で売り込むだけでは，売り込まれた相手国・自治体もその評価が難しいところですが，まずは日本の自治体が自らの上下水道に関する経験を相手国・自治体と共有し，政策の全体像を示した上で，発展段階に応じてどのような課題が生まれ，どのような技術が必要となるのか，O&Mをどのようにすればよいかなど，政策立案や人材育成等も含めて協力することで初めて，日本の技術の優位性が理解されるように

なり，結果として日本の技術も導入されやすくなると考えられます．

　また多くの場合，上下水道の問題は，ごみを含む環境問題や住宅・産業用地を含む都市計画など，水にとどまらないさまざまな地方行政の課題と結びついています．このため，日本の自治体が上下水道のみではなく都市が抱える問題全般を解決していくという文脈の中で，これまでの経験に基づいたアドバイスを行うことが，相手国・自治体のニーズにより沿った提案を行うことにつながります．この点について，日本企業の水ビジネスの海外展開を後押しするために，事業運営ノウハウを持つ自治体が企業と一緒になって海外での事業運営にまで携わることへの期待がありましたが，自らリスクを取って海外における事業運営に参画できる自治体はごく僅かであると考えられます．しかし，直接の事業参画・運営ではなくとも，自治体間の協力を通じた案件形成支援や，設計・計画策定ノウハウの提供によるパッケージ化の支援が有効であり，こうしたいわゆる「自治体による上流からの関与」が鍵になると考えられています．

4. 政府の取り組み

　以上，日本の水ビジネスの海外展開の現状と課題，自治体の役割を含む今後の取り組みの方向性について述べてきましたが，最後に政府としての取り組み・支援策について述べたいと思います．

　日本政府は，成長戦略の一環として，関係閣僚をメンバーとする「経協インフラ戦略会議」を設置し，2014年以降，インフラシステム輸出を推進しています．ここでは「インフラシステム輸出戦略」[3]を策定して，2020年に30兆円のインフラ受注を目指すことを掲げており，水ビジネスもこの一部を構成しています．

　具体的な支援策としては，まずは「マスタープラン」と呼ばれる，例えば上下水道，交通，電力等それぞれの分野の全体的な計画を作成する際の資金的・

---

[3] 「インフラシステム輸出戦略」の2017（平成29）年3月末時点での最新版は平成28年度改訂版であり，首相官邸のホームページで参照可能（http://www.kantei.go.jp/jp/singi/keikyou/dai24/kettei.pdf）．

技術的支援があります．次にマスタープランなどに基づき具体的な個別のプロジェクトの実現可能性を調査するための，フィージビリティー・スタディ（F/S）支援があります．個別のプロジェクトへの導入技術がある程度想定されると，この技術を導入するために必要な人材育成支援や要人招聘，さらに，海外への展開が初となる技術について，海外の特定の環境での当該技術の利用可能性を確認するための技術実証の支援を実施しています．このような動きと並行して，日本企業が参加を表明する具体的な案件や技術の売り込みに際し，首脳・閣僚等によるトップセールス，政府間対話等を通じて日本の提案をアピールするといった売り込みも行っています．最後に，JICA（独立行政法人国際協力機構）による円借款や無償資金協力，JBICによる投融資，NEXI（株式会社日本貿易保険）による貿易保険など，インフラ導入に当たっての資金面でのさまざまな支援も行い，日本企業によるインフラプロジェクトの受注を後押ししています．

　インフラシステム輸出の重点分野の1つとしての水ビジネスについても，相手国・自治体や日本企業の要望，またはプロジェクトの進捗に応じて，このようなさまざまな支援を組み合わせ日本企業の受注を後押ししています．加えて水分野についてとくに重要であると考えられるのは，個別のプロジェクト受注を後押しするための資金的な支援とは別に，3節2項で述べたように，日本企業がローカル市場への参入や，事業規模および水ビジネス市場における業務範囲の拡大等を企図して企業買収や出資を行う際に，資金的な支援をする仕組みです．これまでにも，前述のとおり中東のメティート社への三菱重工・三菱商事の出資にJBICも共に出資した例や，官民ファンドである株式会社産業革新機構が，日本企業と共同で豪州や南米等の水事業会社を買収した例があります[4]．こうした海外水事業へ参画する企業戦略を後押しする支援が，引き続き重要であると考えられます．

　さらに今後は，3節1項で述べたように，価格のみの勝負に陥らないための環境整備として，インフラを導入する相手国・自治体に，価格のみではなく品

4）　産業革新機構のホームページ，投資先一覧の「インフラ」のページ参照．http://www.incj.co.jp/performance/list/

表3　Value for Money（VfM）の最大化を図る調達方法の例

項　目	方　針	具体策
P/Q審査	単なる受注実績ではなく，当該業務が成功裏に実施されたという履行実績を確認する	・既存発注者からの証明の取り付け ・コンサルタントを活用した実績確認等
発注方式	応札者の創意工夫を高め，VfMを最大化する発注方式・事業スキームの採用を進める	・性能発注方式（アウトプット仕様）の導入 ・DB/DBO方式の積極的活用等
契約条件	提案内容（質と価格の両面）が確実に履行されるための仕組みや措置を講じる	・適切な保証条件の設定 ・適切なモニタリングとインセンティブ及びペナルティ条項の規定
評価方法	単に価格だけでなく，技術要素やサービスの質も適切に評価を行った上で落札者を決定することが望ましい	・事業を実施する国や機関の規則，能力，経験に応じた最適な評価方法（総合評価方式含む）の決定 ・価格評価におけるライフサイクルコスト（LCC）評価の採用等
備　考	○性能発注の場合のRFP(request for proposal)の作成や，LCC計算の条件（単価等）設定・評価においては，必要に応じて，関連する技術や経験を有するコンサルタントを活用することも重要 ○また，提案内容が適切に担保される仕組みを構築することも重要	

表4　ライフサイクルコスト（LCC）評価の基本要素と考え方

LCC評価を構成する基本要素	考え方・方法論
(a)目的とメリット	・事業のライフサイクルにおける発注者の財政負担の見通しを立てるとともに，LCCを入札評価パラメータとすることにより財政負担の軽減を図る
(b)適用対象事業	・浄水場や下水処理場で，特に発注者がLCCを予測・管理しにくい事業（複雑，大規模，新規，特殊な事業要件等）における活用メリットが大きい
(c)適用対象事業方式	・EPC，DB（プロセス証明期間含む），DBO ・特に，DBやDBO方式の場合は，応札者の処理プロセスも含めた創意工夫により，発注者側の想定以上の提案がなされることも期待できる
(d)費用項目	・初期投資（CAPEX）及び運営・維持管理（OPEX）の現在価値 ※OPEXについては適切な割引率を用いて現在価値化する
(e)評価対象期間	・施設の主要施設の更新期を考慮して決定（一般的に15-25年）
(f)割引率	・複数の算定方法があるが，発注者（公的機関）の期待収益率を用いるのが現実的で妥当と考えられる
(g)単価と数量	・OPEXの各項目について，単価は発注者側で設定，応札者は数量を提案する（公式にはLCC計算自体は発注者が実施する）
(h)妥当性・実現性確認	・提案価格（数量）が妥当であるか，それが確実に実現できるかの確認を，入札評価過程において実施する（データ検証やヒアリング等の実施）

質を評価することの大切さを訴えて，このような考えの普及に努めていくことも政府の重要な役割となります．このような考え方は，インフラプロジェクトや開発援助の世界で主流になりつつあり，例えば世界銀行は2016年7月より運用を開始した新たな調達制度の中で「Value for Money(VfM)」という概念を打ち出し，調達において非価格要素も取り入れようとしています．その具体的な手法は，例えば，入札における事前資格審査（Pre-qualification）において，単なる受注実績ではなく当該業務が成功裏に実施されたという履行実績を確認することで，コントラクターの履行能力を確認したり，あらかじめ入札対象となる設備等の仕様を細かく設定してしまうのではなく，応札者の創意工夫意欲を高め，VfMを最大化する発注方式・事業スキームを採用するといったことが考えられます．また，入札評価においては，例えばライフサイクルコスト（LCC）評価の導入によって単に施設整備の価格だけではなく，その後のO&Mに掛かる費用も含めて評価をするなど，技術要素やサービスの質も適切に評価することが望ましく，さらに実際の契約においてはコントラクターが入札において提案したことが確実に履行されるための仕組みや措置を講じることが重要と考えられます．（表3および表4参照）

　なお，このような調達方式を導入するに当たっては，入札を実施する相手国・自治体の側が応札者の能力や提案の内容を適切に評価できる必要があることから，概念の普及と合わせて相手国政府・自治体のキャパシティを高めることが重要です．

5. おわりに

　2015年9月，国際連合において採択された「持続可能な開発目標（SDGs）」の目標6に，「すべての人々に水と衛生へのアクセスと持続可能な管理を確保する」と謳われていることからもわかるとおり，水はあらゆるものの開発・発展の基礎となるものであり，今後世界の水需要は量的に拡大するとともに，質的にもより高度な要求にシフトしていくものと思われます．これまで日本企業による水ビジネスは小規模なものにとどまっていましたが，本章で見てきたとおり，価格のみではなく技術や質の高さが要求される市場を見極めて参入し，

またそのような市場を中長期的企業戦略によって，あるいは相手国・自治体等の入札制度における考え方・手法を変化させることによって創出するとともに，相手方のニーズに応えるための体制を構築することができれば，日本企業が参入する余地は拡大すると思われます．他方で，それらはいずれも，一朝一夕に達成されるものではありません．

今後の日本の水ビジネスの更なる展開のためには，企業，地方自治体，政府等関係者それぞれの，腰を据えた取り組みが求められていると言えます．

文献リスト
経済産業省（2015）「水ビジネス市場に関する動向調査」．
国際協力機構（2011-2015）「国際協力機構年次報告書」(2011〜2015各年版)．
産業革新機構ホームページ（https://www.incj.co.jp/performance/list/）．
首相官邸ホームページ「インフラシステム輸出戦略（平成28年度改訂版）」（http://www.kantei.go.jp/jp/singi/keikyou/dai24/kettei.pdf）．
Global Water Intelligence (2016) *Global Water Market 2017: Meeting the World's Water and Wastewater Needs until 2020*（世界の水市場2017年――2020年までの世界における上下水道ニーズの充足）. Global Water Intelligence.

6章　水道事業について

内 藤 和 弥

1. はじめに——水を取り巻く話題

　2015年に，米国のカリフォルニアやブラジルのサンパウロといった大都市が水の飢饉，すなわち大干ばつに見舞われました．インターネットで，「California」や「Sao Paulo」，そして「Drought 2015」と入力して検索すると，この干ばつ被害の大きさを見ることができます．

　地球は水の惑星と言われますが，そのほとんどは海水です．淡水でかつすぐに利用できるものは全体の0.01％しかないと言われています．海水はそのままでは飲めません．海水を淡水化し飲料水にするというのは，技術が進歩した今日でも，手間とお金とエネルギーがかかります．このような環境の中で，東京でもどこの都市でも，さまざまな工夫をして，安定的に水を確保して，運営をしていくということが大きな課題となっています．

　図1では，気候と降水量の関係がわかりやすく示されています．また，自然環境が都市や文明，すなわち人間の活動に決定的な影響を与えていたこともわかります．地球温暖化と言われている今日，さらにそれが影響していると言われる干ばつや洪水に対して，国際的にどのような対応をしていくかということを，まさに世界中で議論しています．

　今でも水道水を直接飲める国は，世界を見回しても十数カ国しかありません．海外旅行に行った際に経験されたことがあると思いますが，多くの国では水道水はそのまま飲めません．大都市に行っても，24時間給水されていないところやホテルの蛇口から直接水が飲めないところがあります．ホテルには，飲料水ボトルが常備されている．それが現実です．

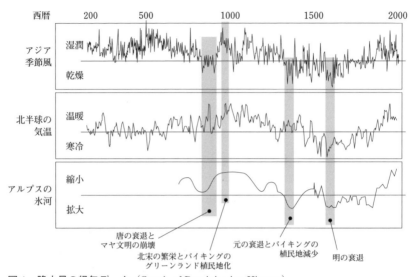

図1 降水量の経年データ（Graph of Precipitation History）
出典：アメリカ国立科学財団（National Science Foundation）の資料を筆者翻訳．

　世界の人口は，今，72億人と言われています．しかし，水に十分アクセスできない人が9億人います．今でも8人に1人は満足に水が飲めない．また，飲めたとしても，汚染されているため病気にかかったり，水由来の伝染病で亡くなったりという人が今でもいる．世界は，このような状況であるということを認識してください．

2. 水道事業の経営について——経営原則

2.1 水道法

　それでは日本の水道事業について説明します．まず，日本の水道に関しての法規（ルール）を確認します．
　水道事業に関しては，水道法にさまざまなことが規定されています．日本で水道事業を営む者は，この水道法に基づいて運営しなければなりません．
　どの法律も，第1条というのは，根本原則や，目的・理念といったものが示

してあります.水道法では「清浄にして豊富低廉な水の供給を図り」と書かれています.私たちは水分を日々補給しなければ,生命を維持できません.そのため,「きれいで,しかもたくさん,また安価で水の供給を図れ」ということが水道法に謳われています.

さらに,東京都水道局は東京都庁が設置した地方公営企業であり,都庁の一部局です.そのため,地方公営企業法も適用されます.

2.2 水道経営の主体

水道の経営主体は,原則として市町村です.もちろん市ではなく県,または市町の連合体で運営しているところもいくつかありますが,地方自治体が運営していることになります.また,規制緩和ということで,民間でも経営ができる法改正が現在なされています.今後は,民営の水道事業が出てくるかもしれません.

では東京都の場合,例えば一橋大学がある国立市が水道事業をやらないのかという話になります.過去,市営で行っていた時期もあったのですが,東京都は,非常に狭い圏域にたくさんの人が住んでいます.そのため都では,一部の地域を除き,東京都が都道府県単位での水道事業を運営しています.

世界的にも,これだけの人数を対象として水道事業を運営しているというのは,それほどありません.先ほど紹介したサンパウロは,Sabespという水道事業体が,また,台北市を除く台湾全域を所管する台湾自來水公司などが,東京都よりも多くの人口をカバーして運営しています.ニューヨークでは,800万人をカバーしています.東京都の人口は1300万人(2018年1月1日現在)なので,地域単位の水道事業体とすれば世界トップクラスの規模です.

2.3 独立採算制と水道料金

先ほど説明した地方公営企業というのは,地方自治体が企業体を組織し,企業の経済性を発揮しつつ,公共の福祉を増進するよう運営することを目的としています.典型的なものは水道事業であり,地方ではガス事業などがあります.東京都では,都営バス,都営地下鉄といった交通事業もあります.

企業ですから,費用については税金で賄うのではなく,皆さまから水道料金,

また下水道料金をいただいて，そのお金を収入として事業運営をしていくことになります．経営の基本は独立採算です．東京都水道局の場合は，皆さまの水道料金で，施設の維持やお客様サービスのほとんどを賄っています．しかし，市によっては，料金収入だけでは足りず，税金で補填することもあります．公営事業を持続的に運営するためには赤字に陥ることなく，将来の施設更新費用をも賄えるような経営を行っていかなければなりません．

水道事業は，市町村で運営し，かつ独立採算制が適用されているので，良質な水源がある都市や，水をきれいにする費用が安くできる都市については，製造コストが安くなるため，水道料金は安価になります．しかし，川の下流域などで取水して飲用水に精製するとなれば，飲用水の製造コストは著しく変わります．一方で，水道事業は多大な装置を有する装置産業であり規模の経済が働くため，大都市の方が単位当たりの費用は低くなります．結果として，各水道事業体のコスト構造には大きな違いがあります．そのため，水道料金の幅は国内では最高と最低で概ね10倍の差となっています．ちなみに，東京都は全国平均より低い金額です．

水道は皆さんになくてはならないもの，すべての人に行き渡らなければならないものです．民営で営利を確保しながら仕事を進めていくというよりも，公的な事業体が運営して住民福祉の増進を図っていくという，公共性が強く求められると思います．

さらに水道事業は，ダムを持ち，水道管はもちろん，浄水場施設など，非常に多くの装置・資産を保有して，使っています．そのため，地域独占性が強くなります．経済学を学んでいる方はご存知だと思いますが，独占経営というのは，料金が高くなるという傾向があるので，公共が独占することで統制を働かせ，低廉にしていくという必要性もあります．

また，水道料金は「低廉」といっても，使い方は多岐にわたります．水をモノづくりに使う会社，例えば半導体メーカーがきれいな水を大量に洗浄水として使うことや，もしくは食品メーカーや飲料水メーカーが原料として使うことがあります．このような使い方と，一般家庭でお風呂や炊事で使うのでは，使用目的や使用量が全く異なってきます．水道水を商用として使用するか，個人消費として使用するかで，使用者の料金負担を変えています．

水道料金は多くの場合，表で示されています．料金は大別して基本料金と従量料金に分かれています．また，給水管の太さで基本料金を変えています．一般家庭の多くは直径 20 mm，すなわち，太さ 2 cm の給水管が設置されています．

その基本料金はそれほど高くありません．ただし，使用量に応じた従量料金については，使えば使うほど高くなるという逓増性を有しており，給水管の太さが大きくなれば，当然それは業務用に使うことになるので，基本料金も高くなっていく．日常生活で使う場合は低廉な価格に抑えています．ただ，業務もしくは生産活動として大量に使うといった場合には，それ相応の価格になるというのが水道料金の仕組みです．

この料金体系は，日本国内どこでも似たような形となっています．使えば使うほど，また給水管の太さが大きければ大きいほど料金が高くなる仕組みになっています．このようなところにも公共的な統制が取られていると判断できます．

さらに，公営でも企業なので，経済性を発揮して能率を上げなければなりません．放漫経営をして，使用者が支払う料金にそのつけを転嫁することは許されません．公共の福祉を増進しつつ，工夫をしてコストを増やさないなどの効率的な経営を行い，かつ安定的で持続的な運営をすることが強く求められます．施設を良好に維持し，計画的な投資・サービスの維持向上などをさまざまに考えて，収入の源となる料金の制度を適切に設定していかなければなりません．

そのため，地方自治体の首長や議会で経営のチェックを受けることはもちろん，料金負担の在り方，施設整備計画などについても議論して決めています．そのような行政的な統制も取れています．

3. 水道局の事業について——東京都水道局の場合

3.1 基本事項

では，事業の実際について，東京都水道局を例に，もう少し詳しく説明していきます．玉川上水が，羽村市から区部に向かって流れています．また神田上

水という名前も聞いたことがあるかもしれません．江戸時代は，江戸に幕府が置かれたため，当然人口が集中しました．その飲用水を確保するため，幕府が直轄で多摩の丘陵地から水を引っ張ってくる土木工事が行われました．それが，今でも残っている玉川上水です．

明治時代に入り，近代的な施設を導入し運営体制を確立するため，明治31 (1898) 年12月に，旧東京市に水道部署が設立され，そこで水道の運営，供用を始めました．これが，今の東京都水道局の前身になります．

現在は1300万人に水を供給しており，契約件数は734万件です．先ほども説明したとおり，水道事業体としては，国内最大，世界でもトップクラスの規模です．

給水は，23区と，多摩地区で言えば武蔵野市と昭島市，羽村市，あと檜原村を除いたところで供給をしています．武蔵野，昭島，羽村については，市で水道事業を運営しています．檜原村は，簡易水道事業というものを運営しています．

東京都には，多摩川が流れています．上流に奥多摩湖すなわち小河内ダムがあります．これは，東京都水道局が所有しているダムです．しかし，1300万人都民をはじめ工場や会社に水を供給するといった場合には，多摩川だけでは足りません．荒川や，利根川の水も使って浄水場で濾過して，都内全域に供給しています．

東京都に関係するダムと言えば，大きなもので11くらいあります．荒川や利根川は，東京都民だけが水道水の原水として使っているわけではありません．千葉県，埼玉県，群馬県も使います．河川には水利権というのが設定されており，その権利に基づいて東京都が各河川の水を水道用水として使っています．

結果として東京都の水源は，利根川，荒川からほぼ80%，多摩川から20%．あと，地下水等が3%の割合となっています．

3.2 事業規模

事業規模ですが，水道水を供給する能力，すなわち施設能力は日量686万tです．配水管の延長は2万7000 kmです．これもよく比較として使いますが，地球の全周は約4万kmです．地球の半周以上の配水管が，地球儀の1点と

いっても差支えない小さな点である東京に埋まっています.

　実際には，1日460万tが最大の配水量で，平均配水量は418万tです．自動車のエンジンをフル稼働させ続けることはありえませんので，同じように余裕を持たせなければなりません．日々の配水量を考慮に入れて，施設能力を決めています．

3.3　水源から蛇口まで

　図2は，水源から蛇口までのイメージです．水の流れの順番に①から⑦と数字を付けてあります．

　まず，山に降った水をダムでせき止めて貯めて，川に流していき，取水塔から取り込んで，浄水場まで運んでいく．浄水場できれいにしたものを，給水所で圧力をかけて，最終的に各戸に配ります．水圧ですが，東京都ではだいたい地上3階建ての家に供給できる圧力を加えています．

水源林

　水道の水源地域の説明をします．山に降った水が集まって流れていきます．それをダムでせき止めて，水を貯める．ダムというのは巨大な構造物です．人口が減っている今日，一部の論者は，ダムは不要であるという意見を持っています．環境に与える負荷は非常に大きいため，ダムを作るか作らないかなどのさまざまな議論がなされています．しかし，ダムというのは，水道水の貯金です．渇水や地球温暖化に備えるために，また治水のために，ダムは必要です．

　さらに水源を良好に維持していかなければ，良質な水質が確保できません．ですから，都の場合，水源林に職員を配置し，維持管理をしています．

　水源林では，広葉樹と針葉樹が多様に成長しています．土に落ち葉が堆積し，ふかふかになる．そのふかふかの土壌に水が溜まり，水を蓄えることになります．その水が少しずつ集まり，沢水となって貯水池に流れていきます．さらに，木の根が土壌を支えているので，土砂は流れにくくなります．はげ山だと，水がすぐ流れてしまいます．ダムも時間の経過とともに，土砂が溜まってしまうので，土砂が溜まることを少しでも防止する．また，そういう土壌に水が通る際は濾過作用も働くので，水質も良好になります．水源林の保全は非常に重要

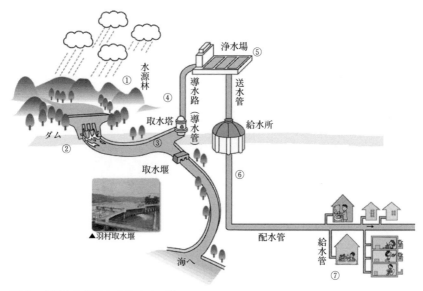

図2 水源から蛇口までのイメージ
出典：東京都水道局資料.

な事業です.

貯水池

続いて貯水池です．小河内貯水池と言うのが，先ほど説明した小河内ダムでせき止められた貯水池で，奥多摩湖とも言います．また，中流域には，山口，村山貯水池があります．それぞれ，狭山湖，多摩湖という名前がついています．
埼玉県や千葉県も県営のダムを持っています．利根川，荒川にある大きなダムについては，国が運営管理しています．ダムで水をせき止めて，流量を調節し，水道の原水や灌漑用水として利用していくことになります．

浄水場と浄水技術

取水施設で，川の水を取り入れます．また，浄水場に水を運ぶための導水路があります．
浄水場は，大きなもので朝霞，金町などに11くらいあるのですが，朝霞浄

水場が最大日量170万m^{3}の規模であり，国内第2位の施設能力を有しています．100万m^{3}規模の大規模浄水場が，他に3つあります．

　浄水は，塩素で消毒しています．臭いに敏感な方は，カルキ臭を感じる方がいるかもしれません．これは，水に含まれる塩素が原因です．ほとんどの人は，気にはならないと思いますが，水というのは消毒しないと水の中に含まれるごくごく少数の有機物に細菌が付着することになります．

　ヨーロッパ，とくに北欧の都市では，非常に良好な水源地を有しているので塩素を入れないところもあります．しかし，日本では，最低基準の塩素を入れなさいと水道法で規定されています．水道法で，蛇口での残留塩素濃度は0.1 mg/ℓ以上を保持するように定められています．

　水質基準に関する省令等を見ると，水質基準が詳細に定められています．直接飲用する水なので，他の飲食物よりも，厳密な基準が定められています．意外に思われますが，水道水の基準は，ボトルウォーターやミネラルウォーターの水質基準よりも厳格に定められています．ボトルウォーターの水質基準は，水道水の水質基準よりは細かく規定されていないようです．ですから，これだけの基準をクリアしている水道水をぜひ飲んでいただきたいと，強く言わせてもらいます．

　塩素消毒がされる前の時代は，水にコレラ菌や大腸菌などの病原菌が含まれていたことがあります．そのため，水を媒介として病気が大流行するということが東京都でもありました．塩素を入れたことによって，細菌の発生が抑制されて，安心して飲める水が供給され，衛生状況が格段によくなりました．

　続いて濾過の方法ですが，時間をかけて濾過する緩速濾過という方法もありますが，多くの都市では，大量の水を短時間で精製しなければならないので急速濾過という方法を採用しています．凝集剤という薬品を原水に入れて，濁りを凝集し，砂でこしていくという方法です．この処理で，十分飲用できる水となります．

　ただ，その処理をしても，臭いやごくごく微量の有機物が残ってしまうことがあります．この問題を解決するために，高度浄水処理という方法があります．これはオゾンと生物活性炭を使い，臭いのもとになる微量の有機物を除去するというものです．急速濾過で精製した水をオゾンに触れさせます．オゾンは強

烈な酸化機能があるので，急速濾過で取りきれなかった微小な有機物と反応させてさらに分解し，生物活性炭という物質にその有機物を吸着させていきます．このような処理を施すことによって，格段に良質な水道水を作り上げています．東京都の場合，利根川・荒川の水を利用する浄水場すべてに高度浄水処理を導入しています．皆さんの親世代は，カルキ臭の強い水道水を飲んでいた時代だったので「水道水って不味いよね」と思われている方が，今でも結構いらっしゃると思います．ですが，今はほぼ間違いなくペットボトルの水に比べて，味や臭いの面でも差はないと断言できます．

そこでできた浄水を，給水所というところに持っていって，ポンプで圧力をかけ，皆さまの家にお配りしています．

最近は，膜濾過ということで，フィルターを通して水をきれいにする方法もあります．東京都水道局も，一部の施設で膜濾過方式を導入しています．これについては，海水を真水にできる技術もあるので，世界中で研究が行われています．

3.4 安定供給

日常生活になくてはならない水道水ですが，いつも一定量に利用するというものではありません．時間によって，水の使用量は大きく変動します．食事時には当然，水を多く使います．夜は，多くの方は睡眠していますので，水を使うことが少なくなります．たくさん使っているときと，使っていないときでは，圧力や供給水量を変えていかなければ良好に運用できません．各区域の需要量を見定めて供給量をうまく振り分けることが求められます．そのため，水運用センターという部門で，各区域の供給量を的確にコントロールしています．

図3では，水の使われ方が時系列で変わっていくことを象徴的に示したものになります．黒い破線は，通常時の水の使われ方です．しかし，例えばオリンピックなど視聴率が非常に高いテレビ番組があったりします．図3では2012（平成24）年のロンドンオリンピックでのサッカーの女子代表「なでしこジャパン」の試合放映時の配水量の変化を示しています．

通常は，深夜になればなるほど水は使われません．しかし，この日は，多くの方が深夜にテレビにくぎ付けになっていたと推測できます．試合前半部分で

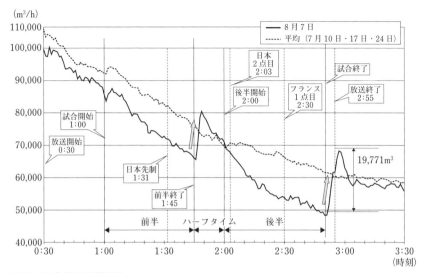

図3 配水量の時間変化
注：2012年8月7日，ロンドンオリンピックでの日本の女子サッカーチームの試合放映時間帯における，区部（主要）配水量の変化．
出典：東京都水道局資料．

水の使い方がいつもより減っている．しかし，ハーフタイムになると，皆さんトイレに行くのでしょうか，急激に水の使用量が上がっています．

その後，試合後半では，水の使い方が平年よりも減ってきます．そして試合終了後，再度，急激に使用量が増えています．水の使用量が急激に増えたり減ったりすると，水圧が変わったり配管内の水の動きが変わってしまうので，水が濁ってしまったり，圧力が下がって，水の出が悪くなるということもあります．ですからリアルタイムで供給量や使用量を確認し，ハーフタイムに入ったなと確認したとき，そのちょっと前ぐらいに供給量を増やしたり，圧力をかけたりして，良好に水が出るように運営管理を行います．また，後半いよいよ試合終了だというときに，再度調整するなどといった職人的な動きをしながら，違和感なく使用ができるよう，水量や水圧の調整を時々刻々と行っています．

3.5 東京水道の長期プラン

皆さんご存知の通り，日本はすでに人口減少社会です．また，高度成長期に

整備した水道の施設がどんどん老朽化して，これから本格的な更新時期を迎えます．さまざまな社会インフラの更新も同時期に重なっているため，国内で大きな問題になっています．水道については，国から，すべての水道事業体に対して，今後の水道事業運営や施設整備をどのようにしていくのかといったことを明らかにする地域水道ビジョンをつくるように推奨されています．

東京都水道局の場合は，都民に対する責任ということで，水道の施設構築および維持に関して，水道施設整備マスタープランや経営プランというものをすでに策定しています．これにより，都民に対して責任を持って，安定供給を今後も維持していくことを宣言しています．

現在の経営プランは 2016 年に策定したものです．そこでは，今後 5 年間で，どのような施策を行っていくのか，どのように皆さまにサービスをしていくかということを，公約として示しています．

この経営プランは，さまざまな事業が網羅されています．今後も，社会経済状況を踏まえ，安全でおいしい水を安定的に提供できるよう，世界トップクラスの水道事業体として，適切な施設の維持管理や良好な経営をしていきます．

3.6 東京水道局の国際協力について

21 世紀は，水の世紀と言われています．安心して飲める水をどう確保すべきか世界中で悩んでいます．そのため，東京都水道局の培っているノウハウを海外の水道事業体にも提供することや，海外の事業体が日本や東京の水道運営について学びたいといった要望があります．

例えば，技術協力ということで，職員が海外の都市に出向き，水道に関する技術の付与や研修施設の整備などをしています．また，海外の技術者を東京に招き，技術や経営に関する研修を受けてもらうこともしています．JICA（国際協力機構）を通じて，各国の都市にさまざまな技術ノウハウの提供を多数行っています．さらに，東京都水道局が出資して設立した東京水道サービス株式会社と民間プラント会社である東洋エンジニアリング株式会社と特定目的会社をつくり，ミャンマーやほかの国の水道事業体と契約を行って，漏水防止事業などの事業も行っています．

水道の場合は，東京都水道局をはじめ，横浜市水道局，名古屋市水道局，北

九州市水道局などのさまざまな水道事業体が，海外の都市に対して技術協力を行っています．

4. 水および水道関連のキャリア，仕事

4.1 国際的，公共的な水道事業体でのキャリア

　水や環境問題は，今まさに注目されており，水道関係の事業体は脚光を浴びています．

　世界に目を向けると，国連に水に関する部門があります．「UN Water」とインターネットで検索すると，水部門における国連のさまざまな取り組みを確認できます．

　当然，水質の基準というのは WHO（世界保健機関）で基準をつくっています．また IWA という世界的な NPO である世界水協会という機関もあります．

　日本が発展途上国に水インフラを供給する場合，外務省や JICA を通じて ODA といった制度などを活用しています．世界銀行や ADB（アジア開発銀行）も融資をしています．そういう部門で，さまざまな形で水問題に携わるという機会もあります．WHO や ADB には，日本の職員もいます．

　国内で言えば，経済産業省の水ビジネス部門もありますが，水道は厚生労働省が所管しています．厚生労働省に上水道の部門があります．そこの水道課長が，全国の水道のさまざまな基準を所管しています．下水道は，国土交通省が所管です．またダム等を所管する水資源機構という組織もあります．

　当然 JICA にも，水・環境関係の部門があります．また，全国の水道事業体や関係団体の協議機関である日本水道協会という団体もあります．

　環境保護・保全の NPO，NGO は国内にたくさんあります．地方公共団体には，水道を所管する部局が必ずあります．県レベルで言えば，東京都水道局や神奈川県企業庁，埼玉県企業局に，政令指定都市であれば，横浜市，千葉市やさいたま市にも水道局があります．

4.2 民間企業など

民間企業では，世界的な事業運営企業として，スエズやヴェオリアという会社があります．丸紅は，ヴェオリアというフランスの企業と組んで，水道事業を行っています．また，イギリスのテムズウォーター社を有するドイツのRWEと合わせて，世界三大水道事業者と言われます．世界には，民間の水道事業運営会社が多数あります．

他の商社も造水プラントや水事業に関する事業展開を進めています．三菱商事は，オーストラリア，中東の湾岸系の諸国などで水ビジネスを展開しています．

また，日立製作所や東芝は浄水設備の大手メーカーです．さらに水道管や水道機器・計器の製造販売会社もあります．また，水道事業のコンサルタントや施設・管路の設計を請け負う会社もあります．

水道専業の事業者はある程度限定されますが，環境問題の高まり，また，水問題への関心が高まっていますので，大きな企業であれば水や環境を取り扱う部門がまずあると考えられます．いろいろなところで，水に関連する仕事ができます．選択肢は広いと思います．

4.3 水道関連の事務系キャリア

では，事務系の社員・職員は水道事業者の中で何をするかというと，計画策定・コンサル部門や法務部門，予算・財務や経理部門，用地取得や資産管理部門，人事部門や料金徴収，広報部門，営業部門，さらにはICT部門に配属されると思います．

東京都水道局の場合は，ほぼ50%が技術系の職員で，残りの50%が事務系の職員で構成されています．

環境・衛生の分野は，今後の産業における成長部門の1つと言われています．文系の方も活躍の場はたくさんあります．もしそういう部門で働きたいと志向されている方は，今日の話がその一助となれば幸いです．

［付記］本章の内容は，個人的見解も多く含まれており，東京都水道局の公式見解を

述べたものではありません.

文献リスト

国土交通省水管理・国土保全局水資源部(2015年)『平成27年度版日本の水資源の現況』.

総務省自治財政局(2014)『地方公営企業年鑑』第62集.

東京都水道局(2009)『東京近代水道100年史』.

東京都水道局(2012)『多摩地区水道40年』.

東京都水道局(2014)『東京水道施設整備マスタープラン』.

東京都水道局(2015)『東京水道国際展開プログラム』.

東京都水道局(2016)『東京水道経営プラン2016』.

東京都水道局(2016)『東京の水道』.

東京都水道局(2016)『事業概要　平成28年度』.

東京都水道局(2017)『事業年報　平成27年度』.

日本水道協会(2016)『水道統計「平成26年度」』.

7章　ビジネスとしての「水」

千葉誠二郎

1. はじめに

　水を安定的に消費者に提供する役割において，広義のビジネスの中でも営利活動を行う民間企業が，多くの国や地域において不可欠な存在になってきています．水のように，代替の利かないライフラインの提供を対象に，なぜ，どのようにして民間企業が役割を担うことになったのでしょうか．水を取り巻くニーズの特性，インフラの整備運営等，供給側の特性それぞれを紐解くことによって，半ば必然とも言える大きな潮流を解説するとともに，その潮流の中にいる一民間企業として，いかにして競争環境下での地位を確立できるのかを掘り下げてみたいと思います．

2. 需要と供給

2.1 需要①——水を使う場面

　日常生活において，水は空気の次に無意識に恩恵を受けているものと言えます．無意識ということは，そこにあるのが当たり前である一方で，いつどこで恩恵を受けているか考える機会も少ないのではないでしょうか．
　日常生活では，洗面，風呂，トイレ，食器洗い，掃除，洗濯，庭木への水遣り．周辺に目を向ければ，プール，消防や，公園の噴水や田畑等が思いつくでしょう．Q&A方式で水の用途を聞いてみると，意外にも最初に挙げられるのが少ないのが，最も根本的な用途であるはずの「口にする水」です．水を水のまま口にする機会が減ったからかもしれません．口にする水として果汁飲料，

スポーツ飲料，酒類や調理の過程で使う水はまだ連想しやすいところですが，米，野菜，畜産物を生産するために使う水のように「間接的に口にしている水」もあるのです．工場で使われる水に至っては，洗う，冷ます，熱する，溶かす，切る，動かす，分解する等々，なかには考えたこともない用途もあります．

水には，見えるところで，見えないところで，実に多くの重要な用途があるのです．

2.2 需要②――水の種類と必要な処理

水の用途は，大別的には農業用水，工業用水，生活用水に分けられますが，飲み水が「きれい」にされていない限り飲めない（飲みたくない）ように，どのような用途においても大概何かしら「処理」が施されています．

農業用水の大半は自然の水循環の中で賄われ（降雨と引水），特段の処理を必要としません．生活用水の一般的な処理は，固形物や有機物の除去と殺菌等，イメージしやすい処理が施されています．工業用水は用途の多様性から，その必要処理も多岐に亘ります．たとえば，半導体デバイスや液晶部品の洗浄には超純水（ミネラルを含む不純物の一切を除去し，限りなく H_2O に近づけた水）を使います．多くの発電設備の根幹となるボイラー内の循環水も純水である必要があります．水道の蛇口に付着した白い水垢（スケーリングと言います）は水道水に含まれるミネラル（カルシウムやマグネシウム）ですが，これと同じことが発電ボイラーの配管内に堆積して詰まったりしたら大変です．

大まかに，農業用水は「そのまま」，生活用水は「きれいにして」，工業用水では「もっときれいにして」と，用途ごとに必要な処理のレベルが異なります．では，それぞれに必要な水はどのように作られるのでしょうか．

まず，処理対象の水を供給する水源は，河川・湖沼等の表流水，地下水，海水，そして再利用された下水や工業廃水です．そしてその処理の比較容易さから，これまで水源として最も活用されてきたのは表流水と地下水です．

粗大な木片，木の葉，水生植物・生物等の浮遊物質除去以外の処理をしない農業用水や，海水を未処理で活用できる一部冷却用の工業用水はさておき，生活用水は前記のとおり，泥等の不溶解物質の除去に加え，殺菌や脱臭を必要と

し，そのために固液分離処理（凝集・沈殿，ろ過，薬品注入），生物反応の利用（バクテリアを利用して有機物を減らす），塩素注入等の処理を行います．泥のように水に溶けていない，混ざっている物質（溶存物質）は固液分離処理で取り除けますが，海水を飲み水に加工処理する場合，塩分のような溶解物質の除去が必要となり，旧来より行われている蒸発法，または逆浸透膜法や電気透析法のような高度処理も必要になります．

概して，高度な処理が必要なほど処理コストも大きくなりますが，水源に限りがある場合には，コストをかけてでも処理をしなければなりません．表流水や地下水が豊富ではない中東地域では，蒸発法または逆浸透膜法を採り入れた海水淡水化装置が積極的に活用されています．国土面積が限られるシンガポールでは，下水を再生処理して生活用水に活用しています．

2.3　供給①――水の量

前記のように，大半の用途において処理された水が必要ですが，処理された水を供給することの付加価値は，需給のバランスに左右されます．

地球上の水の総量はおおよそ 14 億 km^3 です．そう言われて合点のいく人は少ないと思われますが，海は地表の 7 割を覆っており，その深さの平均が 3800 m であることを考えれば，とにかく大量にあるというイメージは持てると思います．ところが，この海水が地球上の水の 97.5％ を占めていて，それ以外の表流水，湖沼，地下水等の淡水は残りの 2.5％ にすぎません．そのうち 1.73％ は氷河であり，人類が使える水は 0.77％ です．さらにその 0.77％ のうちの 0.76％ が地下水で，日常的に活用できる水ではありません（日常会話で使う「地下水」は表流水に含まれ，ここでいう地下水とは 1000～数千 m の大深度にある水を指します）．すなわち，「使用可能な水」は地球の水の総量の 0.01％ にすぎません．

「使用可能な水」が一定である一方で，人口は増え続けています．20 世紀初頭から 21 世紀初頭にかけて，世界人口は 20 億人から 70 億人となり，人口増加のスピードはさらに速まっているようです．ここで紹介したい言葉があります．

「21 世紀は水の世紀」

これは20年ほど前，世界銀行の当時の副総裁であったイスマル・セラゲルディン氏の発言に含まれたものです．なんとなく綺麗な響きをもったフレーズですが，その真意は，「20世紀の戦争は石油を巡って戦われたとすれば，21世紀は水を巡る争いの世紀になるだろう」というもので，それだけ水不足が深刻化しかねないことに警鐘を鳴らした言葉だったのです．

2.4 供給②——水の偏在

では，水は本当に不足しているのでしょうか．日常生活で水不足を実感したことがある人は，昨今の日本には少ないでしょう．一方，メディアを通して世界のどこかでなんらかの形で水が不足しているという情報に触れたことはあると思います．水が不足しているのかいないのか，水循環を人間が簡単に変えられるものではなく，淡水の絶対量が原則不変である一方，人口が増加し，かつ，生活が豊かになるにつれ1人当たりの消費量も増加すれば，水不足に向かっていることは間違いないでしょう．ただし，水不足を断定する前に考えられるのは，水が「偏在」しているということで，偏在であれば解消・軽減の糸口を見つける可能性があると考えられます．

歴史的には，四大文明がいずれも大河の周辺に発展したように，水があるところに人が住み着いたのですが，さまざまな技術の発展と人口の増加の両方が相俟って，本来水の少ないまたは無い地域に土地の利用範囲が拡大しました．これにより，局地的には水不足，全域的には「偏在」が問題化したと考えられます．

図1は，左側に各国の年間降水量を，右側は1人当たりの年間降水量および水資源量を示しています．降水量と水資源量の差は，資源として活用できる前に蒸散してしまった水を表しています．すなわち，単位面積当たりの降水量が多くても，国土面積，人口，地形，気候等によって有効活用できる水の量は大きく異なります．

この図から見て取れる水資源の地域的偏在もさることながら，いわゆる先進国であり水不足が問題化していない国も，実は水資源が決して多くないことがわかります．すなわち，水の需要と供給をマネージすることにより，偏在は解消・低減できるということを示しているのではないでしょうか．

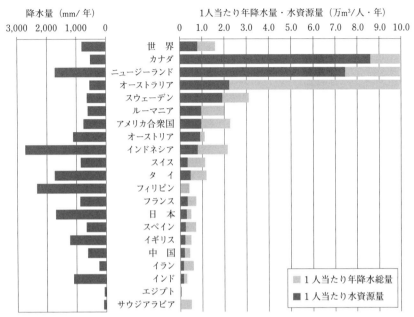

図1 1人当たり年降水量と水資源量
注:「世界」の値は, FAO (国連食料農業機関) の「AQUASTAT」に「水資源量 [Water resouces: total renewable (acutual)]」が掲載されている 177 カ国による.
出典:国土交通省ホームページの資料をもとに, 筆者改変.

2.5 水の偏在と適切なマネジメント

水のマネジメントを必要とする偏在は, 大きく「季節偏在」と「地域偏在」とに分けられます.

季節偏在を連想できるキーワードとして, 雨季と乾季, エルニーニョ, 台風等が挙げられます. これら自然現象の影響から降水量が減り, ダムの貯水率が下がったという報道を見ることがありますが, そもそもこれらのダムが築かれていなかったなら, 乾季には川の流量が減る等, 活用できる水が少なくなり, 都市の発展は限られていたでしょう. 季節偏在について, 限られた水資源をより有効に活用するためには水をコントロールし (治水), その有効利用を図ること (利水) が必要です. そのため, 多くのダム, 堰が整備され, 水を恒常的に活用できるようになりました. すなわち「いつでも使えるよう」水のマネジ

メントが施されています．

　次に，地域偏在について，水資源が豊富な地域から乏しい地域に，少しでも広く遍(あまね)く水を配れるように，送水管やポンプ場等の水道施設が整備されました．また，国際河川を思い浮かべるとわかりやすいのですが，上流域に接する国が河川の水を利用した後，下水・廃水をそのまま河川に流してしまったら，下流域に接する国の水源を脅かし，国際問題に発展しかねません．限られた水資源をより多くの人が活用できるように，また，水循環を維持するため，下水・廃水を回収・処理する施設の整備も進められました．すなわち「みんなが使えるよう」水のマネジメントが施されています．

　いずれの場合も，水の偏在が解消され，活用が促進されている背景には，「適切なマネジメント」があるのです．

3. 民営化とビジネス構造

3.1 水のマネジメントの性質——需給のプレイヤー

　用途に合わせた水の処理や，偏在解消のための貯水と送水という「水のマネジメント」は，どのように行われることが適切と言えるのでしょうか．マネジメントの目的別にそれを達成するうえで必要な留意点と必要事項を考えてみます．

マネジメントの目的	達成のキーワード
・平等な分配(偏在解消)	季節間，地域間，国際間
・安定供給	治水・利水，水循環
・汚染防止	環境保全
・必要水質の提供	安全，健康保全
・安価での提供	競争原理，経済合理性

　左に目的を並べてみてわかるように，水のマネジメントの目的は必要な社会基盤の整備であり，達成のキーワードはいずれもスケールが大きく，公共的要素の高いものばかりです．国際的な広域課題が絡むのであれば，政治の関与が

必要です．治水・利水は，ダム建設や数百 km 規模の送水管敷設を伴う壮大なテーマです．かつての公害問題も，環境規制に関わる法令の制定があって，低減・解消されてきました．安全な飲み水が配られていることを確認するため水質基準が策定され，それに基づき監理することで健康保全が図られてきました．平等な分配に関連しますが，ライフラインの1つである水が高すぎて手に入らないのでは話になりません．できる限り安価に，したがって，貧富にかかわらず受益可能とするため，サービス提供のための資金拠出は自らの営利ではなく，消費者の利得を考えたものでなければなりません．

以上のように，水ビジネスはそれに必要なマネジメントの性質から，営利活動を行う一企業が主導するにはそぐわず，必然的に政府が主導し，「公共サービス」として計画，開発，建設，そして運営されてきました．

3.2 必然の発展——民間活力の導入

上下水道をはじめ公共サービスは，その性質や規模から一般的に政府・自治体により整備され提供されてきました．この整備は多大な初期投資を必要とするため，後の金利負担が大きい特徴があります．一方で，公共サービスゆえに1人でも多くが利用できるよう，本来回収すべきコストを消費者に負担させないでいると，政府・自治体の財政負担が嵩んでしまう傾向があります．自治体の中には，このような負担が原因で財政破綻に至り，本来提供すべき公共サービスが滞りかねない事例が発生するようになりました．

1980 年代の英国で当時のサッチャー政権下，それまで政府・自治体が管理・運営してきたインフラ事業が破綻しかけたことから，徹底した民間活力の導入が図られました．この改革の原因となったのは上記の初期投資による財政悪化だけではなく，当時大きな勢力を持っていた労働組合の力が職場という既得権益を守ることに注がれ，財政破綻の状態から脱却すべく合理化を図ることに注がれなかったことにあります．民営化は公共サービスにおける合理化・効率化追求，そして国際競争力の向上，最終的に財政の建て直しを目標に導入されましたが，英国の成功を見て同様の動きが世界各地で展開されるようになります．

このように民間活力が導入された背景には，多額の初期投資に起因した金利負担のほかに「収支バランスへの動機の強弱」も絡んでいると考えられます．

公共サービス提供者の収支をみると，支出は当該サービス提供の資本関連支出および運転費用である一方，収益にはサービス対価（タリフ）のほか，税金や地方交付金等，当該サービスと直接関連のない勘定であり，相対していません（水道のようなライフラインは，それが広く遍く提供されるよう直接対価を抑える傾向があり，往々にして税金等の形をとり，間接的に回収されています）．収支の根源が相対しない事業において，その事業自体を改善することで収支バランスを図る動機が強いとは言えません．収支の根源がいずれも対象となる公共サービスのみにある枠組みの中で，営利を最終目標とする民間企業を公共サービス提供に携われるしくみが構築できるとすれば，収益の最大化を図るための合理化の力が働き，諸々の合理化が結果として料金の低減を含むサービス水準の向上に繋がることが考えられます．

昨今，「Public Private Partnership（PPP）」，「Private Finance Initiative（PFI）」や「コンセッション」という表現を耳にしますが，これらはすべて上記のようなしくみを模索する試みと言えます．

3.3 民営化とは

それでは水道事業において具体的にどのようなしくみがこれまでに導入されているか，その代表例を見ていきます．水道事業はその公共性の高さから，当初関連施設を政府・自治体が建設・所有・管理・運営する，いわゆる「公有公営」でした．そこから，大きく2つの「民営化」が図られることになります．1つは，浄水場や下水処理場等，個別の施設の新設において，施設の建設・所有・運営を一貫して民間に託すBOO（Build-Own-Operate）のような「民有民営」の方式です．もう1つは，政府・自治体が提供している水道事業サービス全般について，その「運営権」を民間に託す「公有民営」方式です．

3.4 BOO方式

個別施設については，政府・自治体が自らの建設計画（更新，修繕，増設も含む）に基づき，建設・保有・運営の権利を民間に付与する方式が採用されています．Build-Own-Operateの頭文字をとってBOO（ビーオーオー）と呼ばれている方式で，政府・自治体が行う入札において，技術等の評価を経て最も競争

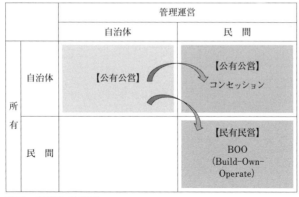

図2　民営化の分類

力のあるタリフ（サービス対価，料金）を提示した民間事業体が受注のうえ，自ら資金調達を行い，施設を建設（Build）し，契約期間にわたり運営（Operate）・管理を行うビジネス構造のことを言います（図3）．

　BOO方式を採り入れることによって，政府・自治体は初期投資の負担を避けられるとともに，競争原理を導入できるので総合コストが抑制することができきます．

　もう少し詳しくビジネス構造を，自治体と民間事業体との契約内容を見て説明します（図4）．まず，自治体は事業実施に必要な土地や水源を確保し，建設・運営に係る許認可等を民間側に付与します．また，自治体が消費者にサービスが提供できるよう必要な水質と水量を定めます．民間事業体は自治体の要求に従った水質，水量を定められた期間に亘って供給することと引き換えに，供給対価（タリフ．通常は供給 m^3 当たりの単価で示される）を自治体から払い受けます．民間事業体は，このBOO事業を唯一の目的とした特別目的会社を設立し，往々にして巨額になる事業資金の一部を金融機関より調達します（通常，民間事業体に遡及しないプロジェクトファイナンスが採用されます）．特別目的会社は水の供給対価を原資に運転資金を賄い，融資の金利支払いおよび元本返済を行い，残りを利益として上げます．以上よりタリフは，自治体・事業者それぞれにとって以下の視点から合理的でなければなりません．

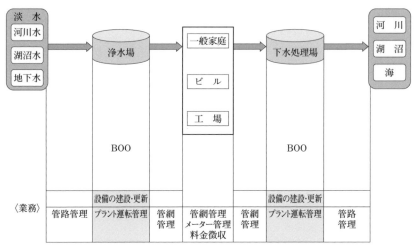

図3　BOOのビジネス範囲

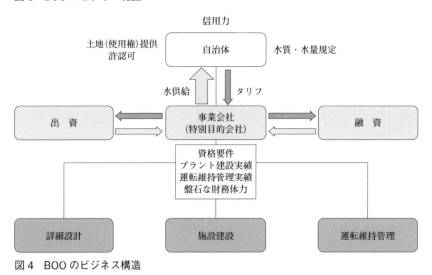

図4　BOOのビジネス構造

〔自治体〕
・消費者から徴収する水道料金にて支払うことができる水準である
・自らが施設運営する場合と比べて総合的な財政負担が小さい

〔事業者〕
- 融資返済が滞らないよう，供給水量にかかわらず支払われるタリフ項目がある（Capacity Payment とも言う）
- 要求水質・水量に追従するためにかかったコストが支払われるタリフ項目がある
- 事業期間を通じた収益率が自らの基準を超えること

以上，最も重要な点を挙げましたが，このようにしてそれぞれの要求事項や責任・義務，問題発生時の対処法やペナルティー，契約停止・破棄条件を定めた長期契約を締結するビジネス構造であるため，双方の信用力も重要になります．自治体は入札時に技術やタリフの評価のみならず，特別目的会社の資格要件，建設実績，運営管理実績や財務体力を評価しなければなりません．一方で，民間側としても巨額投資資金の回収の拠り所は唯一タリフであり，それだけに自治体の信用力は大事です．ときに自治体の長期信用力を補完するため，BOO 契約の履行を中央政府が保証する場合があります．

3.5　コンセッション方式

BOO 事業が例えば，浄水場や下水処理場を建設運営する「点」の開発とするならば，コンセッション事業は「面」の開発であると言えます（図5）．コンセッションとは，公営施設の運営権を（多くの場合は自治体が所有権を保持したまま）民間に有償で付与する事業方式です．浄水場，下水処理場の運営に留まらず，事業範囲が水循環の上流では管路の管理，すなわち，河川・湖沼から水を引いてくるパイプライン，ポンプ場全般の管理，下流では下水処理場にて処理後の水を放流するまでの管路の管理に及びます．加えて「中流」に当たる浄水場から消費者への配水と下水・排水の回収と下水処理場への送水，売水メーター管理，料金徴収も民間側で行います．いわば，ある地域（面）の水道事業全般を民間に任せる構造です．

このビジネス構造で注意しなければならないのが，地域独占です．同じ社会インフラでも電力や通信は自由化が進められています．電力の場合，発電事業者は使用料（託送料）を負担することで既設の送電線や配電線を通じて消費者

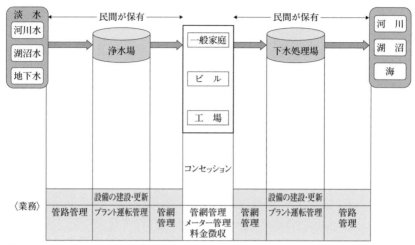

図5 コンセッションのビジネス範囲

に電力を届けることができ，通信の場合，自社の電波塔や通信線を設置することの物理的負担の程度から新規参入は可能であり，日本のみならず諸外国で競争が成り立っています．一方で，水道事業は水源の確保にはじまり，上下水道管の敷設等などを考慮すると明らかに参入障壁は高く，また，たとえ参入できたとしても，運営水質管理の面で管路の共同使用の現実性は高くないと考えられます．

こういった事業性質から，コンセッション事業権を付与する政府・自治体側は，監督官庁として事業者が下水道普及率の向上や人口増加に合わせた長期設備計画を立て，これに合致した開発を実施しているか，しかるべきサービス水準を保っているか，また，サービスレベルの向上に努めているかや，水道料金の設定が妥当か等のパフォーマンスを監視することが必要になります．一方，事業者にとっては，長期間に亘り地域の水事業を一手に運営する以上，あらゆる状況変化にも対応した水道料金改定の権利がなければなりません．過去・現在・未来の設備投資について当初想定した収益率に基づく回収の見込みがなければ，コンセッション事業のリスクを取ることは難しいでしょう．

こうして自治体・事業者双方から定期的にパフォーマンス全般および更新事

業(設備投資)計画,それに応じた水道料金を協議・決定するニーズがあるなかで,コンセッション事業の成否は,このような水道料金改定メカニズムを含む制度設計が,いかに問題なく進めることができるかにかかっていると言えます.

4. 効率化の追求

4.1 効率化とは

BOO事業,コンセッション事業,いずれも政府側からみれば,前述のメリットがあり検討された事業方式ですが,同事業を担う民間側から見て,従来の施設建設による利益のみではなく,施設を継続保有し運営することによる持続的な利益を上げるメリット,さらに自らの努力でその利益を押し上げる可能性も秘めた方式であるメリットもあるからこそ事業方式として実現しました.次にこの自助努力による利益改善,すなわち事業の「効率化」についてBOO事業やコンセッション事業の枠組みの中で具体的に見てみます.

以下の点において,いかに理想を追求するかが,インフラビジネスのテーマであり,水ビジネスにおいては次のような形で追求しています.

①必要な施設を見極める
　最初の計画立案段階で,中長期的需要を都市計画に照らし合わせて予測し,過剰設備による不要なコスト負担や,過少設備による将来の増設の非効率等を回避し,最適規模の開発計画を見極めます.
②質の良い施設を安く仕入れる
　安いばかりで耐久性に問題があってはいけませんので,技術仕様とのバランスが大事です.また,施設の設備や工事を納める業者の能力を実績や経営の体力から見極め,仕様書どおりの施設が納入されることを確実にします.
③好条件の資金を調達する
　通常巨額になるインフラ施設の建設工事費用を全額自己資金で賄うことは

難しいか，可能であっても最も効率的な資金調達方法ではないことが多いため，金融機関から融資を受けることによって自らの資金効率を上げると同時に，調達コスト軽減を図ります．好条件の資金を調達する．すなわち，安く，多く，長く借りることを目指します．

④計画どおりに施設の開発・建設を遂行する

当たり前だと言われそうですが，その当たり前が重要なのです．浄水場や下水処理場の建設は通常2,3年かかる大工事であり，計画通りに遂行し期日通りに完工させることの難易度は高く，そうさせるべく管理するには高度なノウハウが求められます．建設遅延は，契約条件においてその社会的損失に見合ったペナルティーを課されるのが通例である他，人件費や逸失利益の面からも「時は金なり」を強く意識する必要があります．

⑤運営コストを抑え，効率を上げる

長期に亘る運転期間中には，数多の効率化要素があります．施設に係る調達・建設段階での適切な選択・監理が，運転段階に入った後のコスト抑制や，故障による突発的な追加出費の軽減に繋がります．需要傾向に合致した供給が可能な運転保守体制の緻密な計画・選定が人件費をはじめとしたコストの最適化に繋がります．以下に，効率化要素の具体例を2つ挙げます．

無収水率

読んで字のごとくですが，「漏水や盗水で浄水場から配水したのに料金が徴収できない割合のことで，水道システムがどれだけ適正に管理されているか，を映し出す数字．低ければ低いほど，優れた水道事業が運営されていることになる」のように定義され，水道事業の効率を図るうえで重要な指数です．

東京都市圏は世界最高水準の無収水対策が施された結果，無収水率は約4.4%，このうち漏水率は約3%，すなわち，浄水場で処理した100の水のうち97が消費者に届いています．逆に言えば，3%の水は消費者に届けられる途中でどこかに「消えてしまっている」のですが，「消える」主因は送水管や配水管の老朽化による漏水と言われています．なかには「3%も！」と驚かれる人もいるかもしれませんが，東京の地下には何千，何万kmのパイプラインが張

り巡らされていること，また，圧力をかけて送水していることからすれば，捉え方も変わってくると思います．私がフィリピンのマニラ市西部で携わっているコンセッション事業の無収水率はまだ30%です．なお，丸紅が参画する以前の2007年には，無収水率は67%もありました．海外の多くの都市では，無収水率がいまだ20～50%で推移しているのが現実であり，まだまだ改善の余地が大きいのです．

保守点検戦略

運営コスト効率化の中でも永遠のテーマと言って過言ではないと考えているのが保守点検戦略です．保守点検を掌る者の姿勢として大きくReactive MaintenanceとPreventive Maintenanceの2つがあります．イメージしやすい表現で置き換えるならば，前者が対処療法，後者は未然防止でしょうか．普段の修繕コストを最少化するために故障時のコストを覚悟する戦略を取るか，故障を回避するために普段の修繕コスト増を覚悟する戦略を取るかです．

設備にはそれぞれ納入時の想定耐用年数がありますが，部品交換，清掃，修繕等「保守」の手を加えることで，その耐用年数は延ばすことも可能です．そうは言っても，いつその寿命が来るかはわかりません．具体的に水道管の更新・修繕を例にとってみると，原則として地中に埋まっているため，寿命判断が一層難しくなります．一方，水道管が「寿命を迎えた」場合，浄水や下水が漏れ出すことで，地盤沈下や陥没を起こすことがあります．道路の陥没事故が報道されることがありますが，実は日本だけでも年に3000件以上起きています．大規模な漏水が起きた場合，復旧までの断水から陥没事故による人命への危険まで，少なからず社会に影響を及ぼしてしまいます．このような漏水や故障を最少化させながらも過剰交換・修繕とならない究極の効率化を目指す戦略がPreventive Maintenanceですが，この実現には施設全体のなかで扱う個別設備の耐用年数をはじめ，それぞれの設備同士がどのように作用しあい，稼働状況に応じてどのような負荷がかかっているかを把握するため，適切なデータ収集と分析，継続的なモニタリングと経験値に基づく更新・修繕タイミング・方法や交換品（spare parts）在庫数等，非常に高度な判断が求められます．一方，漏水・故障を回避するため水道管の更新を過度に行うとしたなら，コストが嵩

み，効率経営からかけ離れていくでしょう．

どちらの戦略を選択するかは，施設の整備状況の把握精度はじめ，施設ごとに故障が起きた場合の影響の大きさの分析，予算等を照らし合わせて判断することになります．

4.2　効用実現の鍵——ビジネスの真髄

水ビジネスに携わった民間事業者が効率化を追求することは，結果としてコストと質のバランスにおいて消費者の効用に繋がるはずですが，どのようにしてこれを追求するか，これこそがビジネスの真髄たるノウハウであり，競争力であり，おおよそ以下のように分類できます．

①計画力と市場調査力

　的を射た計画立案の力，それを立証する（長期的に成り立ち得るものか見極める）市場調査力．また計画を実行に移す道筋を立てるノウハウ．計画が目標達成の最適解となっているかを反芻する力（癖，勇気）．

②技術選択力

　技術力ではなく，あえて技術選択力とします．世の中にどのような技術力が存在するか，絶えずアンテナを張って情報収集と学習を重ね，目前にあるプロジェクトに最も適した技術を選択する知識（慣習に囚われない勇気）．

③リスク把握力

　例えばダムを建設する場合，水没地域の住民対策が必要です．仮に移転地域の提供等の補償をしたとしても，先祖伝来の土地なので絶対に譲らないという住民もいるかもしれません．プロジェクトが頓挫し，計画が白紙に戻るリスクがあります．計画を練る段階で，どのようなリスクが潜むのか，あらかじめ想像する力，それらの解決策を導き出す思考力．

④調達力

　設備，材料，資金等を好条件で調達するプロセスを構築するノウハウ．プロセスの中で価格や条件を交渉する力．

⑤建設・運営の遂行管理力．

　4節1項にて挙げたように，計画を現実世界において如何に遂行するか，

計画からのズレを最少化し，ズレが生じた場合に軌道修正するノウハウとそれを実行する体制・組織をオーガナイズする能力．

⑥ビッグデータと AI を活用する発想力

IoT とプログラミング技術が進化した現代では，先に挙げた運転保守戦略等の難しい課題の最適解をコンピュータの力を借りて導き出す試みが，今後一層の効率化に繋がるはずです．すでにスマートメーターの導入は進み，集積できるデータの質・量ともに充実しているなか，その情報自体に備わった付加価値を見つけ出す発想力．

以上の知識，ノウハウ，能力は，現実のプロジェクトにおける失敗と成功を重ね，経験値を上げることによって向上し，その高度化とビジネスにおける競争力，そして消費者の効用とは全て比例すると考えてよいでしょう．

4.3 身近な効用の実現例——日本企業の付加価値

ところで，商社をはじめインフラファンドや投資銀行等は，水ビジネスの拡大手段として，水インフラを開発建設するだけでなく，水インフラ施設やその関連企業の買収も積極的に行っています．施設を開発，建設することにより，新たに，またはより上質な浄水・下水処理サービスを提供することの付加価値はわかりやすく納得しやすい一方，施設や企業を買収することには，自らが営利を目指す以外，水の消費者や社会にとってどのような付加価値があるでしょうか．

電車・地下鉄の発着時刻は，非常に正確です．朝の通勤電車において，ときに僅か2,3分の遅延についてお詫びの車内放送を聞きます．海外の空港で預けたスーツケースが出てこなかった経験が幾度かありますが，昨今の日本の空港ではロストバゲージの数はほぼゼロです．トヨタ自動車の生産方式における「カイゼン」は，すでに Oxford Dictionary をはじめ世界の標準用語になっています．

これらは，元を辿るならば，日本人の「DNA」が必然的にもたらした結果だと思います．これまでに民営化が生み出す効率について見ましたが，すでに民営化が図られている事業においても，日本人，日本企業に備わっている

「DNA」を活用することで，更なる効率化を図ることが可能と考えています．すなわち，それまでの運営者が成し得なかった効率化を提供できることが，私たち日本企業による海外事業買収の付加価値です．

5. おわりに

　近江商人は，売り手良し，買い手良し，そして世間良しの「三方良し」という教訓を導き出しました．本章で書いてきたことも一言で換言するならば「三方良し」です．ところが，ビジネスの対象が水のインフラである場合においては，整備に伴う巨額の資金負担や地域独占の性質から，事業の持続可能性を勘案した制度設計および政府・自治体による規制監督が肝要であり，民営化のプロセス次第で正のスパイラル（競争原理が働く⇒利潤追求のための効率化が図られる⇒水質が改善される／価格が下がる），負のスパイラル（効率化の以前にインフラ新設に多大なコストがかかる⇒コスト回収のための安易なタリフ改定／激しいコストカット⇒価格の高騰／水質の劣化）いずれにも向かう可能性があります．近江商人とインフラビジネスに携わる私どもとで違いがあるとすれば，最初に「世間良し」から入らなければならない点でしょうか．現代用語でいえばCSR（Corporate Social Responsibility：企業の社会的責任）に当たりますが，あえて標語にするまでもなく，当たり前に追求しなければ売り手も買い手も「良し」にならない訳です．

　官民が同じ方向を向いて，どのような状態が「世間良し」であり，それを達成するための規制とビジネスの適切なバランスが何処にあるかを見極めると同時に，持続可能性の観点から，真の効率化（コスト削減ありきではなく，工夫の結果としてのコスト削減）を追求すれば，自ずと「売り手良し」となり，水に携わる私共のビジネスに繋がるものと信じています．

終章　環境経営と水のサステナビリティ
　　　──サントリーグループの取り組み──

内 貴 研 二

1. 企業理念の原点

1.1 サントリーの原点

　サントリーは，1899（明治32）年に鳥井信治郎が創業しました．2017年末時点で従業員が世界中で約3万8000名．連結の売上高が2兆4203億円という会社のグループです．食品産業の中では，日本で一番大きな会社です．

　最初はワインを売る商売から始めたのですが，創業した1899年がどういった時代かといいますと，日清戦争は終わっていますが，まだ日露戦争は始まっていません．鳥井が事業を始めたときの年齢は20歳．日露戦争の前にワインをビジネスにしたということは，まさにアントレプレナー（起業家）というのにふさわしいと思います．サントリーはそういう創業者によって，大阪で創業された会社です．

1.2 サントリーの経営理念

　サントリーグループの経営理念を簡単にまとめたものが，図1です．

　この図から，使命，志，価値観の3つの理念を掲げていることがお分かりいただけると思います．

　使命は「人と自然と響きあう」ことを究極の目標とし，そういう社会を実現するために，われわれは仕事をするということです．

　なぜ「人と自然と響きあう」という言葉なのかというと，一般のお客さま，

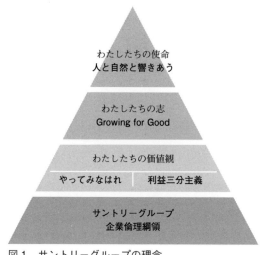

図1　サントリーグループの理念

　生活者に価値を提供して，喜んでいただくという仕事をしていることと，われわれのビジネスであるお酒や飲料，広くいうと食品は，「自然」の恵みが原料であるからです．さらに，人と自然に対して，企業だけが響き合うだけでなくて，人と自然の総体が響き合ってほしい，そういう社会に貢献する仕事をしていきたい．それを企業理念に掲げています．
　2番目が志ですが，「Growing for Good」というフレーズの「Good」，つまり良いこととは何を指すでしょう．企業は利益・利潤を追求する組織だというのは当然ですが，では利益・利潤をなんのために使うのかというと，サントリーの創業者は，良いこと・社会のために使いたいと考えていました．自分の仕事を大きくしていくために投資する，あるいは，従業員や得意先をしっかりサポートする．これは当たり前ですけれども，それに加えて，広く社会にも還元をしていくという考え方を持っています．
　われわれはなんのために成長するのかと問われれば，それは社会に良いことを提供していくためにこそ，サントリーは成長し続けるんだ．そういう経営をしていくのだというのがこの志であり，経営の在り方をこのように決めていることを示しています．

3番目の価値観には，会社全体として，従業員も経営者も，みんなが同じように重視するものとして2つ挙げています．1つは「やってみなはれ」．何事もやってみないと分からない．自分が，これがこういう状況であるべきだと思ったら，それに向かって一生懸命やってみようと，チャレンジすることが大切なんだという「やってみなはれ」を第1に挙げています．

それから「利益三分主義」．自分の会社が事業をしていけるのも，広くいえば社会のおかげであり，自分の努力だけではうまくいかない．やっぱり社会の方が温かく見守っていてくださるからこそ，自分の事業がうまくいくんだ．そういう考え方に立てば，自分の事業によって得た利益の幾分かはしっかりと社会に還元していくということは必要だろうということです．事業への再投資，従業員やお得意先へのサポート，そして広く社会に還元する，この3つの方向に利益を分けていきましょうというのが「利益三分主義」です．

2. 水をめぐる環境経営の基盤

2.1 サントリーの歴史と水探し

1899年に創業してワインで成功した後に，サントリーはウイスキーを造りたいと考えました．当時，ウイスキーのうちスコッチが日本に入ってきていたので，日本人にとってはウイスキーとはすなわちスコッチという時代でしたが，鳥井信治郎はそこで，日本社会にふさわしい，日本人のためのウイスキーは日本人が造るべきだという信念を持ちました．それこそチャレンジ精神で，ウイスキー造りに挑戦をします．これが1923（大正12）年のことでした．

このときに，鳥井信治郎がやったことは，まず水を探すことでした．ウイスキー造りに適した水を日本各地いろいろと探し回って見つけたのが，京都郊外の山崎という所でした．ここにウイスキー蒸留所を建設することで，ウイスキービジネスに参入します．

それからしばらくのち，1963（昭和38）年に話は飛びます．昭和30年代になりますと，徐々に日本のウイスキーも皆さまに買っていただけるようになり，ウイスキービジネスは順調になっていました．そのときに，2代目の社長，鳥

井の息子である佐治敬三は，ビール事業に進出をしていきます．

そこには企業を大きくしていくという彼の決断があります．当時の社名は「寿屋」という名前で，寿屋が「サントリーウイスキー」という商品を商っていました．それが非常に売れていて経営としては順調だったのですが，佐治敬三は，この企業をもっと大きくしたいと考えます．そのために，近代的な装置産業であるビール事業に参入することを決心しました．いわゆる職人が造るウイスキーの世界から，巨大な設備で大量生産するビールの事業への展開は企業としてのフェーズ（位相）が全然違いますので，それはかなり大きなチャレンジでした．

ビール工場を造る際に佐治敬三が最初に始めたこともまた，水探しでした．清らかな地下水が豊富に得られる場所を探しました．東京の府中にあるサントリーのビール工場がその場所であり，そこが最初の工場です．

その後，第2のウイスキー蒸留所である山梨県の白州工場を造るときも，同じように水を吟味しました．その後，天然水の工場，ビール工場をいくつも造りましたが，全て水にこだわってきました．サントリーの事業は全て自然が育んだ良質な地下水から始まっています．この天然水の価値をお客さまにしっかりお届けするということが，サントリーのビジネスだということが，歴史を振り返ってみるとお分かりいただけると思います．

2.2　環境基本方針——「水のサステナビリティ」

サントリーグループは，自然が育む水に育てられた企業ですので，環境基本方針として，次のことを掲げて経営をしています．

「サントリーグループは，『環境経営』を事業活動の基軸にして，バリューチェーン（価値創出の連関）全体を視野に入れて，生命の輝きに満ちた，持続可能な社会を次の世代に引き渡すことを約束します」というものです．これはある意味，先ほど説明しました「人と自然と響きあう」という企業理念を環境の文脈で読み換えたといっても過言ではありません．ちなみに，このサントリーグループの環境基本方針は，世界中のサントリーグループのグループ会社全部が共有しているもので，この基本方針のもとに，「水のサステナビリティの追求」「生物多様性保全への取り組み」「イノベイティブな3R［注：Reduce，

Reuse, Recycle］による資源の有効活用」「全員参加による低炭素社会への挑戦」「社会とのコミュニケーション」という5つの軸を，重点的に取り組む項目として挙げています．

その中に，「水のサステナビリティの追求」というものをいちばん初めに挙げています．つまり，サントリーは環境へ取り組むときに何が一番大事と思っているかというと，水の持続可能性なのです．

このように環境経営をする．あるいは，したいというのも，それは企業の勝手なのかもしれませんが，この21世紀は，企業が経営に取り組むとき，企業の思想，哲学といったものが問われている時代だと思います．

2.3　環境経営に関する顧客調査

サントリーは，この環境経営にしっかり取り組んでいくにあたって，顧客の皆さまの声をお聞きしました．サントリーの商品にとっての顧客，これはすなわち，日本で暮らしていらっしゃる1億3000万人の皆さま全員ということになります．この日本中のお客さまが，環境というものに対してどういう意識を持っていらっしゃるのかということを認識しなければならないと考えて，そのための調査をしました（2012年調べ．一般生活者を対象に，1200名回答）．

まず「現在の暮らしのために」必要だと思う取り組みはなんですかと聞くと，リサイクル，資源の節約，廃棄物の削減，というような答えが多く出てきます．それを飲料メーカーに求めることに絞っていくと，次のような意見を寄せていただいています．

ペットボトルのラベルが小さくなって，分別しやすい，こういう商品を私は選んでいますよ，ですとか，いろんなメーカーでいろんな形のボトルがあるけれども，それはひょっとしたらエネルギーの無駄遣いかもしれない，1つの形で統一したらいいじゃないですか——など．こうしたことをお考えになっているお客さまがいる．廃棄物を減らし，地球温暖化防止に貢献する．そういう意味での環境に優しい商品を非常に望んでいらっしゃるということが分かってきました．

われわれが商品を作り，それをお届けして，お客さまがその商品をお使いになるその一連の過程の中で，できるだけ環境負荷を下げるということは，ほぼ

イコール，二酸化炭素ガスの排出量を下げるということです．こうしたことをやっていかなければいけないということが明らかになりました．

　しかし，お客さまの話をよくよく聞いてみますと，それだけではないということが分かってきます．「将来の暮らしのために」についての質問，つまりあなたの子どもや孫の世代を考えたときに，何がこの社会で大事だと思いますか，という質問をしました．すると自然環境を守るとか，森を守るとか，生物多様性を守るとか，そういった答えが返ってきたのです．

　「現在の暮らしのために」，それから「将来の暮らしのために」と，聞き方を少し変えると，お客さまの答えが変わってくる．こういうところをしっかりと見つけていくことも企業の役割だと思っています．

　森の再生は，個人でできることではないので，企業の取り組みが大いに評価できる，自然保護に積極的な企業を応援したい．そうしたお客さまの声がしっかりとあることが認識できました．それは，お客さまは自分たちの子どもや孫といったような遠い将来を見据えたときには，自然環境をしっかり守るんだという意識を非常に高く持っていることだと思います．それなら，われわれも「人と自然と響きあう」という企業であるからこそ，そういったお客さまの声にしっかり応えるということが必要です．企業として，自然環境を守るということにしっかりと取り組んでいかなければならない．そういうことが分かりました．

2.4　「2050年ビジョン」と「2030年目標」

　今，サントリーは，将来に向けて環境への取り組みにおいて，「2050年ビジョン」（図2）と「2030年目標」（表1）を作りました．そしてわれわれの環境への取り組みも，自然環境を守るという取り組みの軸と，いわゆる二酸化炭素の排出を減らすということに代表されるような，環境負荷を下げるという取り組みの軸，この二軸を中心に活動しています．

　2050年というと，遠い将来の話のように感じられますが，かなり現実的な話です．「2050年ビジョン」は，そのときにサントリーは，どんな環境経営をしていたいかと，どんな状態でいたいかということを定めたものです．これは長期のビジョンであって，目標ではありませんので，「こうなりたいなあ」と

サントリーグループは，「人と自然と響きあう」企業として，「水のサステナビリティ」「気候変動対策」を柱に，持続可能な地球環境を次代に引き渡すことを目的に，2050年に向け，以下のビジョンを掲げます．

1. 水のサステナビリティ
   - 全世界の自社工場での水使用を半減[1]
   - 全世界の自社工場で取水する量以上の水を育むための水源や生態系を保全
   - 主要な原料農作物における持続可能な水使用を実現
   - 主要な事業展開国において「水理念」を広く社会と共有
2. 気候変動対策
   - 地球温暖化防止に向けて，脱炭素社会の実現に貢献

図2　2050年ビジョン

注：1) 2015年における事業領域を前提とした原単位での削減．

表1　2030年目標

1. 水
   - 最新の節水技術を活用し，自社工場での水使用をグローバルで15%削減[1]
   - 水ストレスの高い地域を中心に，半数以上の自社工場で水源涵養活動を実施
   - 水負荷の高い主要原料について，サプライヤーと協働で持続可能な水使用を追求
   - 水に関する啓発プログラムに加えて，安全な水の提供にも取り組み，合わせて100万人以上に展開
2. CO_2
   - 最新の省エネ技術の積極導入や再生可能エネルギーの活用などを通じ，自社拠点でのCO_2排出をグローバルで25%削減[2]
   - 自社拠点以外のバリューチェーンにおけるCO_2排出を20%削減[2]

注：1) 2015年における事業領域を前提とした原単位での削減．
　　2) 2015年における事業領域を前提とした総量での削減．

いう企業の希望だと思っていただいたらよいと思います．けれども，水資源を守るという意味では，世界的に見ても，「サントリーという企業は水資源を守る取り組みのトップランナーだね」といわれるような状況にしたいと思っています．

CO_2排出量の低減についていえば，日本だけではなくて，海外のサントリーグループ企業も含めて，サントリーのビジネスから出るCO_2排出量を削減していきたい，というのが2050年のビジョンです．

ただし，「2050年ビジョン」のイメージだけを提示しても，なかなか企業というのは具体的に動きません．その途中の2030年をマイルストーンにして，それぞれ目標を具体的に掲げているところであります．

3. 水サステナビリティの追求

3.1 「水の惑星」地球と,人間が使用可能な水

さて,ここから話は変わります.地球は「水の惑星」というふうにいわれていることは,皆さんご存じだと思います.非常に水の豊かな惑星だということですが,今すぐ人間が使える水の比率は何%ぐらいでしょうか.地球上にある全ての水分を100%としたときに,人間が使える水というのは,どれくらいの比率でしょうか.お尋ねすると「2%ぐらいかな」とおっしゃる方が多いのですが,正解は0.01%です.われわれが使える水は,これくらい少ないということなのです.

海の水は,すぐには飲用などに使えません.淡水といっても,氷河とか氷山は使えませんね.それから,地下水というのも非常に深い所にあると,やはり使えません.われわれがすぐに使えるような水は,0.01%しかない.つまり,物質としての「水」というのは,地球にたくさんあるように思えるけれども,われわれが使える資源として考えたときには,非常に限られた量であるということが分かると思います.

3.2 水資源量の変化

図3は,西暦2100年に現在よりも使える水資源が増えているか,減っているかということを,スーパーコンピューターでシミュレーションした結果です.現在よりも増える地域はグラデーションで,減る地域は模様で表現されています.

ヨーロッパ,アフリカの南部,アメリカも中米から北米の西のほう,これらは減少する地域です.

なぜこういうことが起きるかというと,気候変動と関係が深いといわれています.温暖化が進むことによって気候が変わる.その影響を受けて,降水量が各地でどんどん変わっていき,100年後になると,こうなるだろうと予測されています.われわれが使える水は,そもそも限られているし,その限られた水も,場所によって,もっと厳しくなる場所もある.それくらい,水というもの

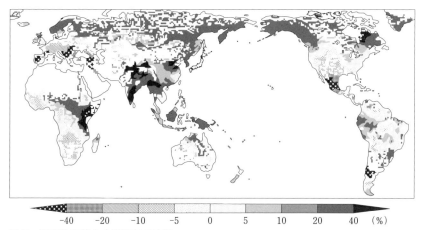

図3 温暖化に伴う水資源量の変化
注：1981-2000年平均に対する2081-2100年平均値の比．
出典：Nohara *et al.*（2006）を筆者改変．

は，希少性のある資源だというふうに思わなければならないのです．幸い日本は，増加する地域に入っていますから，日本だけのことを考えると心配しないでもよいかもしれませんが，水というものは，形を変えて地球を巡っていますので，地球を単位にして考えないといけません．

3.3 水のサステナビリティ

サントリーは水にこだわって仕事をしてきました．これからもそうです．ということは，この地球の上を循環している，しかも，人間にとって非常に限りある資源である水，その持続可能性をしっかり追求していかなければ，われわれの事業そのものが成り立っていかないのです．

先ほど見ましたように，100年後には水の状況はどんどん変わっていく可能性があります．そういうことに目を向けずに仕事をしていくと，あるとき，水が使えなくなるかもしれません．そうなると，われわれはどれだけおいしいウイスキーやビールを造る技術があっても造れなくなってしまいます．こういうことを考えると，水の持続可能性を守っていくことが，サントリーの事業そのものを守ることにつながっていると分かると思います．

水，自然が育んだ良質な地下水である天然水を使って，その天然水の価値をさらにおいしい商品にして，お客さまにお届けするというのがサントリーの仕事です．その仕事の過程で，われわれが使っている天然水の水源を守ることは，環境と水資源を日本全体，さらには地球規模で守るということなので，自然全体を守るということにつながります．一方で，われわれが工場でものづくりをするという過程でも，水を節約することや，二酸化炭素ガスを減らすなど，環境負荷の低減にも取り組んでいます．こういうことを一生懸命やることが，水の持続可能性に貢献するんだという信念を持って仕事をしています．

4．「天然水の森」活動

4.1　天然水の水源を守る――天然水の森の仕組み

　具体的には，サントリーは自然が育んだ良質な地下水である，天然水の水源を守る活動，通称「天然水の森」という活動をしています．図4に出ていますように，この黒い点の所は，われわれが整備をしている森林です．2017年の時点では合計面積およそ9000 haを超えており，全て工場の上流，水源の場所です．

　この「天然水の森」ですが，サントリーがその森を全て所有しているわけではありません．半分近くは国有林なのですが，サントリーは無償で借りているというよりも，コストを掛けて整備をすることを許可してもらっているということです．

　では，「天然水の森」の水資源循環の仕組みを見てみましょう．図5にあるように，森に降った雨は，まずいったん地表の土壌に蓄えられ，その後でじわじわとさらに下層に浸み出していきます．この浸み出した水は，ここに少し硬い岩の層があるので，それ以上簡単に浸み込みません．それで，いったんここで溜まります．ここも地下水です（地下水1）．この地下水が流れ下って，地表から湧き出たもの，これが川の源流です．川も，もとをただせば地下水だということです．

　湧き出ず地下に溜まっている地下水も，ずっと下流に流れていきます．例え

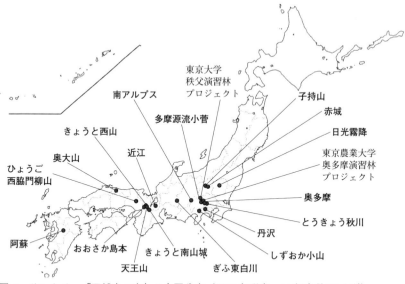

図4 サントリー「天然水の森」の全国分布（2017年現在，14都府県20カ所）

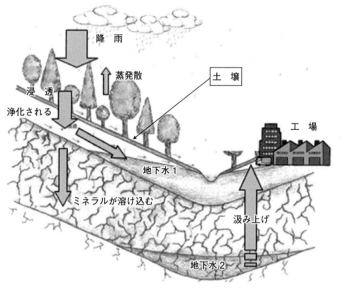

図5 地下水の涵養

図6 「天然水の森」活動計画

ば，少々地下を掘ると，地下水が出てくるところがありますが，それがこの浅いほうの地下水です．さらに，浸み通りにくい岩の間でも，それでも浸み込む水はあります．これがすごく時間がかかって浸み込んでいき，また，さらに下で，浸み込みにくい所があって，そこに溜まります．それが深い地下水（地下水2）です．サントリーが使っているのは，実は相当深い所の地下水です．

　ここで皆さんに分かってもらいたいことが2つあります．まずは土壌にいったん浸み込んだものが地下水になるわけですから，ここの土壌がたくさんないと，地下水もたくさんにならないということです．

　次に，ここまで浸み込んでいく間に，水がろ過されて，浄化されるということです．浄化されたものが，またさらにここを浸み込んでいく間に，ミネラルが溶け込んでいきます．ミネラルウォーターというのは，そういうものなんですね．ですから，深いところにある地下水とは，岩盤ろ過されて，さらにミネラルが溶け込んだミネラルウォーターということです．サントリーは，そういう水を使って，ウイスキーもビールも作っています．

4.2 土壌と生態系

では,誰がこの土壌を育んでくれるのかというと,この上の植物,動物,全ての働き,いわゆる生態系の働きによります.

水にとって大事なのはこの土壌なので,われわれはこの土壌を育んでくれる生態系を守ることによって土壌を守るということを行っています.水を守るために森を守るというのは,そういったことなのです.

では,具体的にどのような活動をしているかというと,次のような森林の間伐をします(図7).人工林,つまり人間が植えた木は非常に密集しているので,間伐をしてあげないといけません.場所によっては,竹林が広がることで多様性豊かな森がどんどん壊されているので,その対策もしなければならないのです.

それから,日本は今,鹿が増え過ぎています.その鹿が植物を食い尽くして,森を荒らしています.環境省は以前,鹿は守らなければいけないと言っていました.しかし,方針を変えまして,鹿の数を管理しなくてはいけないという政策に変わっています.

鹿の食害にあった森を放置していると,豪雨が降れば土砂崩れが起きて,大

図7　整備が遅れた人工林を健全な生産林へ誘導(間伐,枝打ち作業前後)

図8 鹿等による食害への対策（シカ食害対策前後）

変なことになります．鹿の問題は，実は深刻な問題で，われわれは食害対策も行っています（図8）．

4.3 長い価値観の形成——土地所有者との契約，小学生への教育

この「天然水の森」は，森林の所有者と契約をして，土地を借りています．この契約は長いものだと100年の契約をしています．100年ぐらいかけないと，森というのは形が変わらなくて，健全な形に戻らないのです．そのため，非常に長い取り組みなのです．

これは，どういうことかと言いますと，現在のわれわれの世代だけでは仕事が完了しない，ということです．だからこそ，われわれと同じことを理解してくれる人や，価値観を共有してくれる人が次々と出てきてもらいたいです．そのためには，次世代にこの事業を伝えるということが大事だと思っています．こういう水を育む自然の仕組みや，その仕組みを誰が作っていくのか，それを守るときはどうしたらいいのか，ということをしっかり理解する子どもを1人でも増やしていきたい．そのために，次世代，すなわち小学生向けのプログラム「水育」を展開しています．

「水育」というプログラムの中の「森と水の学校」は，「サントリー天然水」という商品の水源である，山梨県白州と，鳥取県奥大山，それから九州，熊本，

阿蘇それぞれの工場と，その天然水の森を舞台として，実際に自然体験をしてもらうプログラムです．

もう1つが「出張授業」です．とくに大都市のお子さんは森まで来てもらいにくいという事情に鑑みて，こちらはわれわれのほうから小学校に出向いて，先生と一緒に行う授業です．首都圏と京阪神を中心に行われています．

4.4 愛鳥活動

サントリーは，愛鳥活動を1973（昭和48）年から始めています．もう40年以上継続している活動です．実は，これが「天然水の森」をはじめとするサントリーの自然環境への取り組みの原点です．

1973年という年は，どういう時代であったのかということを少し想像していただきたいと思います．中学や高校の社会科で，1970年代の日本について学んだと思いますが，そこで公害という言葉を聞いたと思います．1950年代から1970年代前半までは，日本は高度経済成長期で，今の日本の豊かな社会の基礎がそのあたりにできました．その副作用として，環境汚染が非常に広がったのです．それを一言で「公害」と言っていたわけです．大気汚染，河川の水質汚染，そういうものが非常に広がりました．

その中で，サントリーは，野鳥に目を向けました．人間の暮らせる自然環境というのが，野鳥を見ていれば分かります．つまり，野鳥がいなくなると，その次には人間も住めなくなるのです．そんな時代になってしまうという危機感のもとで，野鳥を守ることや，野鳥について知ること．あるいは，野鳥を守るという気持ちを持つという活動を行いました．この野鳥を保護することが，人間の暮らす環境を守ることに通じるんだということで，野鳥を保護することを訴える活動を始めました．

その後，全国の野鳥保護活動を助成するという形に変わり，今でも続けているわけです．こういう取り組みがあったから「天然水の森」というような活動にもつながっていったのかなと思っています．

4.5 工場での節水と水のサステナビリティ

工場で使う水も大切にしていきたいと考えています．

図9に示していますが,サントリーが国内の工場で使う水の総量は,大きく変わっていません.しかし,この折れ線グラフで示した原単位(製品を1本作るのに,水をどれだけ使うかという量)はだんだん減ってきています.つまり,生産活動に伴う水の使用量を減らす努力をいろいろやっているということです.

例えば,新しい工場を造るときは,はじめから節水型の工場に設計する.そうすることで,水を使う量をどんどん減らしてきました.

それから,使った後の水は汚れてしまいますので,それをきれいにして返すということも必要です.ある工場では,工場排水を農業用水に使うことができるくらいに,きれいな水にして返すということをやっています(図10).

サントリーは今,「水と生きる」を社会との「約束」として位置づけて仕事をしています.水を大切にしなければならないという思いに加えて,社会にとっても水のような,必要な存在になりたいという社会への貢献,水というものが持っているフレキシブルな,あるいはダイナミックなパワーを持った企業であり,その従業員でいたい.こういう思いを込めて,「水と生きる」という約束をしております.

水と生きる企業が,水資源の希少性とその持続可能な利用について,若い世代のみなさんに最新の研究動向を提供し,ともに考えたいという気持ちから,

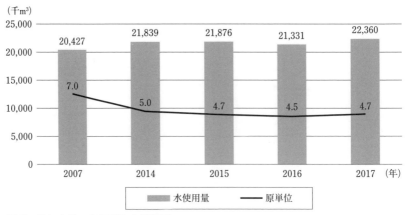

図9 サントリー全工場の水使用量

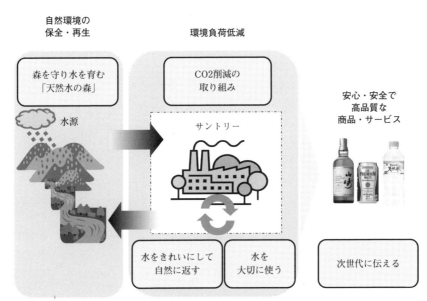

図10 「水のサステナビリティ」を柱とするサントリーのエコ戦略

一橋大学の（ご関係者）先生方とともに連続講義を企画してみました．受講者の方々，そして本書を読まれた読者の方々が，企業人や研究者として，あるいは生活者として，社会のあらゆる場所で取り組まれる，未来を創る活動のお役に立てば，これほど嬉しいことはありません．

文献リスト
Nohara, D., Kitoh, A., Hosaka, M. and Oki, T. (2006) "Impact of Climate Change on River Discharge Projected by Multimodel Ensemble", *Journal of Hydrometeorology*, 7: 1076-1089.

付　録

【2014 年度夏学期授業日程】（所属等は講義当時のもの，以下同）
(1) 4 月 10 日　オリエンテーション
(2) 4 月 17 日　導入講義：水という文理共鳴の世界：落合一泰（一橋大学理事・副学長）
(3) 4 月 24 日　水と健康：武藤芳照（日本体育大学）
(4) 5 月 1 日　水と NGO 活動：松本悟（法政大学）
(5) 5 月 8 日　水の環境学：野田浩二（東京経済大学）
(6) 5 月 15 日　水の物理科学：筒井泉雄（一橋大学大学教育開発センター）
(7) 5 月 22 日　水ビジネス国際展開に向けた経済産業省の取組について：内山弘行（経済産業省）
(8) 5 月 29 日　サントリー『天然水の森』地下水と生態系のつながり：山田健（サントリー）
(9) 6 月 5 日　水の行政：内藤和弥（東京都水道局）
(10) 6 月 12 日　学生チームの編成と研究テーマの決定：林大樹（一橋大学キャリア支援室）
(11) 6 月 19 日　【学外研修】サントリー天然水白州工場見学
(12) 6 月 26 日　水循環基本法をめぐって：大久保規子（大阪大学大学院法学研究科）
(13) 7 月 3 日　キャリアとしての「水」――本講義のまとめ：西山昭彦（一橋大学キャリア支援室）
(14) 7 月 10 日　学生チームごとの期末報告会プレゼンテーション準備：林大樹
(15) 7 月 17 日　期末報告会（学生チームによるプレゼンテーション）：林大樹

【2015 年度夏学期授業日程】
(1) 4 月 9 日　オリエンテーション
(2) 4 月 16 日　日常の中で考える水の多様性：大瀧友里奈（一橋大学大学院社会学研究科）
(3) 4 月 23 日　水の環境学：野田浩二（東京経済大学）
(4) 4 月 30 日　モーリス・ラヴェルの《水の戯れ》(1901) をめぐって：井上さつき（愛知県立芸術大学）

(5) 5月7日　サントリーの「環境経営」と「水のサステナビリティ」：内貴研二（サントリー）
(6) 5月14日　【学外研修】サントリー天然水白州工場見学
(7) 5月21日　印象派が描いた水辺の風景：小野寛子（練馬区立美術館）
(8) 5月28日　水の行政：内藤和弥（東京都水道局）
(9) 6月4日　水のものがたり：神田蘭（講談師）
(10) 6月11日　水ビジネス国際展開に向けた経済産業省の取組について：西村栄利子（経済産業省）
(11) 6月18日　ビジネスとしての水：千葉誠二郎（丸紅）
(12) 6月25日　ビジネスとしての水：房岡良成（東レ）
(13) 7月2日　キャリアとしての「水」：西山昭彦
(14) 7月9日　期末報告会Ⅰ（学生チームによるプレゼンテーション）
(15) 7月16日　期末報告会Ⅱ（学生チームによるプレゼンテーション）

【2016年度冬学期授業スケジュール】
(1) 9月29日　オリエンテーション
(2) 10月6日　海外の水事情〈欧米編〉：野田浩二（東京経済大学）
(3) 10月13日　海外の水事情〈アフリカ編〉：入江光輝（宮崎大学）
(4) 10月20日　海外の水事情〈アジア（東ティモールとカンボジア）編〉：小林保雄（千葉県水道局）・竹田大悟（北九州市上下水道局）
(5) 10月27日　共同研究チームの編成とミーティング
(6) 11月10日　水ビジネス〈1〉水ビジネス国際展開に向けた経済産業省の取組について：加藤直子（経済産業省）
(7) 11月17日　水ビジネス〈2〉海外水ビジネスの展開：千葉誠二郎（丸紅）
(8) 11月24日　水の文化・社会史〈1〉水——神秘のかたち（祈りの対象としての水）：佐々木康之（サントリー美術館）
(9) 12月1日　水ビジネス〈3〉サントリーグループの環境経営と水のサステナビリティ：大矢智之（サントリー）
(10) 12月8日　水の文化・社会史〈2〉江戸時代の農民の水争い：渡辺尚志（一橋大学大学院社会学研究科）
(11) 12月15日　共同研究チームのミーティングと教員によるコンサルティング
(12) 12月22日　学生による研究発表〈1〉
(13) 1月5日　学生による研究発表〈2〉
(14) 1月12日　学生による研究発表〈3〉

(15) 1月19日　総括講義（学生発表への教員からのフィードバックを含む）
備考：計8回の講義のコーディネーターは，「海外の水事情」3回を大瀧友里奈が，「水ビジネス」3回を西山昭彦が，「水の文化・社会史」2回を林大樹が担当した．

学生による自主研究のテーマ一覧
　これらの多様な視角から水と社会に迫った本講義が，文理共鳴教育という観点で一橋大学の学生にどのような影響を与えたのでしょうか．一例として，2015年7月9日と同7月16日に行った履修学生のチームによる自主研究の期末報告会の報告テーマを示します．2015年度に本講義を履修した学生はチームを編成し，前年度（2014年度）の本講義の講義記録も参考にしながら，自主研究に取り組みました．

【2015年度夏学期期末報告会学生チーム報告テーマ】
1) 水と健康：硬水と軟水
2) 運動時にふさわしい水分補給
3) 日本の林業
4) 東京都の植林
5) 企業の森林保全活動
6) 竹林の有効活用
7) 土壌崩壊の実態とその対策について
8) シカ被害の現状とその対策について
9) 植物種子の散布
10) 琵琶湖における外来種問題と対策
11) 人工ダムと森林ダムの共存
12) サントリーの愛鳥活動
13) 開発途上国の水問題
14) 水源の利権について
15) 水資源におけるソフトパス
16) 水と環境と消費者の選択
17) 水ビジネスの現状と展望について
18) 「水分補給」の社会科学

　テーマ内容をおおまかに分類すると，1)〜2)の2件が「水と健康，運動」について，3)〜12)の10件が「水源林および関連する動植物の生態系」について，13)〜18)の6件が社会科学的な関心をテーマにしています．

社会科学・自然科学の枠を横断する俯瞰的な文理共鳴教育をおこなうという本講義のねらいに合致した自主研究に取り組んだチームが大部分であったことが示されています．また，報告のなかには，講義のメッセージを受けとめながら，予想しなかったような展開をさせていて，講師の方に驚きをもって喜んでいただけたものもありました．

執筆者一覧（＊印編者）

＊林　　大樹	（はやし・ひろき）	一橋大学大学院社会学研究科特任教授
＊西山　昭彦	（にしやま・あきひこ）	立命館大学共通教育推進機構教授
＊大瀧友里奈	（おおたき・ゆりな）	一橋大学大学院社会学研究科教授
渡辺　尚志	（わたなべ・たかし）	一橋大学大学院社会学研究科教授
野田　浩二	（のだ・こうじ）	東京経済大学経済学部教授
松本　　悟	（まつもと・さとる）	法政大学国際文化学部教授
加藤　直子	（かとう・なおこ）	経済産業省資源エネルギー庁石油・天然ガス課課長補佐
内藤　和弥	（ないとう・かずや）	東京水道サービス株式会社総務部長
千葉誠二郎	（ちば・せいじろう）	丸紅株式会社環境インフラプロジェクト部長
内貴　研二	（ないき・けんじ）	サントリーホールディングス株式会社サステナビリティ推進部長

水と社会
水リテラシーを学ぶ8つの扉

2019 年 2 月 18 日　初　版

[検印廃止]

編　者　林　　大樹・西山昭彦・大瀧友里奈
　　　　はやし　ひろき　にしやまあきひこ　おおたきゆりな

発行所　一般財団法人　東京大学出版会

代表者　吉見俊哉

153-0041 東京都目黒区駒場 4-5-29
http://www.utp.or.jp
電話 03-6407-1069　Fax 03-6407-1991
振替 00160-6-59964

印刷所　株式会社三秀舎
製本所　誠製本株式会社

© 2019 Hiroki Hayashi *et al.*
ISBN 978-4-13-033090-9　Printed in Japan

JCOPY 〈出版者著作権管理機構　委託出版物〉
本書の無断複製は著作権法上での例外を除き禁じられています．複製される場合は，そのつど事前に，出版者著作権管理機構（電話 03-5244-5088,FAX 03-5244-5089, e-mail: info@jcopy.or.jp）の許諾を得てください．

古米弘明・片山浩之 編
東大塾　水システム講義　　　　　　　　　　　　　　　A5・3800 円

小宮山宏・武内和彦・住　明正・花木啓祐・三村信男 編
サステイナビリティ学［全5巻］　　　　　　　　　　　A5 各 2400 円

公益財団法人日本生命財団 編
人と自然の環境学　　　　　　　　　　　　　　　　　A5・2600 円

武内和彦・渡辺綱男 編
日本の自然環境政策　　　　　　　　　　　　　　　　A5・2700 円

武内和彦・鷲谷いづみ・恒川篤史 編
里山の環境学　　　　　　　　　　　　　　　　　　　A5・2800 円

鬼頭秀一・福永真弓 編
環境倫理学　　　　　　　　　　　　　　　　　　　　A5・3000 円

鈴木善次 著
環境教育学原論　　　　　　　　　　　　　　　　　　A5・3800 円

大森博雄・大澤雅彦・熊谷洋一・梶　幹男 編
自然環境の評価と育成　　　　　　　　　　　　　　　A5・3800 円

鷲谷いづみ・鬼頭秀一 編
自然再生のための生物多様性モニタリング　　　　　　A5・2400 円

ここに表示された価格は本体価格です．御購入の
際には消費税が加算されますので御了承ください．